KB151235

역량평가의 본질

이준걸

박영story

목
차

서문

역량평가 뭔지 정말 제대로 알고 있을까?

역량평가 뭔지
정말 제대로 알고 있을까?

　　역량평가는 무엇일까? 말뜻 그대로 역량평가는 "역량"을 "평가"하는 시험test이다. 인사human resource를 위한 모든 테스트는 평가대상자의 능력을 정확하게 측정하기 위해 설계된다.

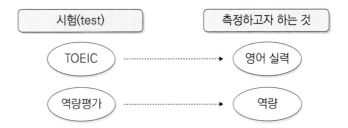

　　토익을 예로 들어보자. 토익은 영어 실력을 측정하기 위한 테스트이다. 따라서, 개념적으로 보면 토익 이전에 영어가 먼저 존재한다. 토익을 위해서 영어가 존재하는 것은 아니다. 마찬가지로 역량을 정확하게 측정하기 위해 역량평가가 존재한다. 역량평가를 시행하기 위해 역량이 존재하는 것은 아니다.

　　테스트를 잘 보기 위해서는 일단 측정하고자 하는 것이 뭔지 정확하게 이해해야 한다. 당연한 얘기지만 뭘 측정하는지 모르고서 테스트를 잘 보기는 어렵다. 문제는 이 지점에서 발생한다. 토익에서 측정하고자 하는 것인 "영어 실력"이 무엇인지는 비교적 개념이 명확하기 때문에, 사람마다 달리 해석할 여지 또는 오해의 여지가 별로 없다. 그런데 역량평가에서 측정하고자 하는 것인 "역량"이 무엇인지 정확하고 심도 있게 이해하지 않고 역량평가를 보는 경우는 상당히 많다.

역량이 무엇인지 정확하게 이해하기보다는, 겉으로 보이는 이미지, 평가위원에 대한 과도한 의전, 넥타이를 찰 것인지 말 것인지, 글머리 기호 또는 표와 같은 문서의 외관, 멋져 보이는 프레젠테이션 스킬, 심지어 성형수술을 해야 하는지 등 역량의 본질과 상관없는 지엽적인 부분에 목숨을 건다.

누가 어떻게 해서 합격했는지 소문에 귀 기울이기 전에, 아주 심플하고 본질적인 질문에 대해 생각해 보자.

역량이 뭔지 정확하게 모르는데, 역량평가를 잘 볼 수 있을까?

토익의 예시에서 현상의 또 다른 측면을 생각해 보자. 토익 학원에서는 "영어"뿐만 아니라 "요령"도 가르친다. 예를 들어, "to 부정사가 선택지로 등장하면 정답일 확률이 높다", "길이가 긴 선택지가 답일 확률이 높다"와 같은 것이다. 토익은 4지 선다형으로 문제의 포맷이 결정되어 있고 문제은행 방식으로 출제되기 때문에, 실제로 to 부정사가 정답일 확률이 높은 이론적이고 타당한 이유가 있다. 그러나 이것은 영문학의 본질과는 아무런 상관이 없다.

이것은 영문학이 아니라 토익학(學)이다.

그러나 요령만으로 토익에서 고득점을 획득하기는 불가능하다. 아무리 토익이 정형화된 시험이라고 하더라도 영어 실력 자체가 받쳐 주지 않는데 요령만 가지고 고득점을 할 수가 없다. 토익을 잘 보려면 일단 영어 실력 자체를 향상하고, 준비의 마지막 단계에 요령으로 갈무리하는 것이 순리에 맞다.

같은 맥락에서 역량평가를 생각해 보자. 역량 자체를 향상하지 않고 요령만으로 고득점으로 하겠다는 시도는 무모하다고 할 수밖에 없다. 그런데 역량과 역량평가의 본질을 이해하기보다는 실전에서 당장 써먹을 수 있는 만능공식을 찾는 데에만 목숨을 건다. 잘못 알려진 만능공식의 예로 다음과 같은 것을 들 수 있다.

> "(기획안의 앞뒤 맥락과 내용이 어찌 되었건 전혀 상관없이)
> 세부추진계획에는 MOU, 교육, 홍보, TFT, 협의체, 지원금,
> 보조금, 인식개선을 제시하면 된다."

영어 실력이 전혀 뒷받침되지 않는 수험자가 학원에서 알려 준 몇 가지 공식만으로 토익에서 고득점을 거둘 수 있을까? 역량평가의 본질과 원리는 뒷전으로 미룬 채, 겉으로 보이는 형식만을 분석한 "요령 기반의 역량평가학學"으로 역량평가를 준비한다면, 잘될 가능성이 별로 없다.

이 책은 역량평가에서 측정하고자 하는 개념인 역량의 본질에 집중함으로써, 실질적으로 역량이 향상될 수 있도록 하는 것을 목적으로 한다. 실제 일하는 장면에서의 역량이 향상되면 역량평가를 잘 보게 된다. 실제 생활에서의 역량은 그대로 두고, 역량평가만 잘 보는 것은 훨씬 더 구현하기 어렵다. 실제 역량이 향상되고, 그 결과 역량평가도 잘 보는 것이 오히려 훨씬 구현하기 쉽고 자연스럽다. 또한, 이 책은 충분한 역량을 보유하고 있음에도 불구하고, 잘못 알려진 만능공식과 같은 뻘짓으로 역량평가를 통과하지 못하는 사례를 방지하는 것을 목적으로 한다.

역량평가의 본질
The essence of Assessment Center

01

대체 뭘 평가하는지
이해하는 것이 먼저다!

대체 뭘 평가하는지
이해하는 것이 먼저다!

서문에서 언급한 바와 같이 역량평가는 "역량"을 "평가"하는 시험test 이다. 그러므로 역량평가를 잘 보기 위해서는 일단 역량이 뭔지 정확하게 이해해야 한다. 그렇다면 역량은 무엇일까? 대체 역량이 무엇인지 제대로 이해하고 있는 것일까? 과거에 이미 역량평가에 응시해 본 경험이 있다면 과연 역량이 무엇인지 제대로 이해한 상태에서 시험을 본 것일까?

역량力量, competency, 많이 들어 보기는 한 단어이다. 그런데 많이 들어 봤으면 잘 알고 있다고 할 수 있을까? "역량이 무엇인지 설명해 보십시오"라는 질문을 받는다면, 역량이 무엇인지 잘 설명할 수 있을까? 실제로 생각해 보자.

✓ 역량이 무엇인지 (귀하가 생각하고 있는 것을) 설명해 보십시오.

성과, 결과, 행동, 일 잘하기, 고성과자 등등 단어의 파편은 생각이 나지만, 이것을 엮어서 하나의 의미로 설명하기는 어려울 수 있다. 결론부터 제시하면, 역량은

> 조직의 목표달성과 연계하여 높은 성과를 나타내는 사람의
> 일반화된 행동패턴이다.

역량평가 사전교육에서 이미 들어본 문장일 수도 있다. 그렇지만 지나가면서 한번 들어 본 것과 그 의미를 심도 있게 이해해서 그것이 무엇인지 설명할 수 있는 것은 다르다. 역량평가에 응시할 나에게 필요한 것은 전자얕은 이해가 아니라 후자깊은 이해이다.

역량은 일관적인 행동패턴이며,
가치관과 연계되어 있다.

역량은 평소의 업무생활에서 몸에 밴 일관적인 행동패턴이다. 따라서 가치관과도 밀접하게 연계되어 있다. 사람은 의식적이든 무의식적이든 자신의 가치관대로 행동하기 마련이다.

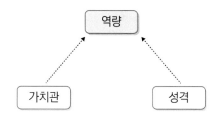

예시

역량	정의
품질지향	맡은 일에 있어서 매우 꼼꼼하게 세부사항을 점검하며, 오류가 있는 부분을 찾아 완벽한 마무리를 지향하는 역량

'품질지향'이라는 역량을 예로 들어보자. '품질지향' 역량과 연계된 대표적인 성격 특성은 '꼼꼼함'이다. 오류를 꼼꼼하게 찾아내고 세부사항까지 점검하는 행동패턴은 하나의 습관이기 때문에 "나는 이제부터 꼼꼼해야지"라고 다짐한다고 하더라도 하루아침에 갑자기 꼼꼼해지지 않는다.

예를 들어, 꼼꼼하지 않은 A씨가 오타가 가득한 문서를 고객에게 전달한 상황을 생각해 보자. 수많은 오타를 발견한 고객은 A씨에게 크게 항의한다. 주눅이 든 A씨는 문서를 가지고 평소에 하지 않던 오타점검을 꼼꼼하게 한다. 그럼 A는 품질지향 역량이 높은 것일까? 그렇지 않다. A씨는 고객에게 혼이 난 예외적인 상황에서 평소 생활습관과는 다른 행동을 하고 있기 때문이다. "오타는 원래 있는 거 아니야"라는 가치관을 가지고 있는 A씨는 "이번에는 운이 좋지 않았군" 또는 "유별나게 까다로운 고객이군"이라고 생각하면서, 다른 고객에게 또다시 오타가 가득한 문서를 전달할 것이다.

역량은 몸에 밴 생활습관이며 가치관과도 연계되어 있기 때문에, 시험을 앞두고 급하게 다른 사람이 되겠다고 다짐하더라도 갑자기 역량이 상승하지는 않는다. 바람직한 행동을 기계적으로 학습하여 시험장에서 이를 행동으로 옮길 경우, 자신의 몸에 맞지 않은 옷을 입은 것과 같다. 고도로 훈련된 평가위원은 이 어색함을 민감하게 알아챌 뿐만 아니라, 평소의 행동패턴이 표출되도록 유도한다. 평소의 업무생활에서부터 그렇게 살아오지 않은 경우, 꾸며진 행동은 티가 난다.

예시

역량	정의
고객지향	업무와 관련된 내/외부 고객의 요구사항을 정확하게 이해하고, 고객에게 최상의 가치를 제공할 수 있도록 노력하는 역량

공공기관 역량평가에 자주 등장하는 단골 역량 '고객지향'을 또 다른 예로 들어보자. '고객지향' 역량의 세부적인 정의는 기관의 사정에 따라 약간의 차이가 있지만, 어떠한 경우에도 "민원인 또는 정책 대상에게 고압적이고 권위적이고 불친절한 공직자"를 의미하지는 않는다.

그런데, "민원인은 만나자마자 30초 안에 제압해야 한다"와 같은 가치관을 가지고 살아왔고, 평소에도 이러한 업무패턴을 가지고 있다면, 실제 역량평가에서도 민원인을 제압하려는 행동이 나온다. 특히, 이러한 행동패턴은 민원인 면담 Role Play역할연기, 역할수행에서 극적으로 드러난다. "내일이 역량평가니까 오늘부터 국민을 섬기는 공직자가 되어 야지" 다짐해 봐야 소용없다.

이러한 경우에는 가치관을 바꾸지 않는 이상 '고객지향' 역량을 향 상시키는 것은 원시적 불능처음부터 이행이 불가능한 일이다. 평소의 업무생 활에서부터 민원인과의 상호작용 패턴을 바꿔야만 가망이 있다.

"실제 우리 부서 업무현장에서는 민원인을 제압하지 않으면 일을 할 수가 없고, 선배들한테도 이렇게 배워 왔다"라고 반문할 수도 있다. 그 러나 역량은 조직의 이상향과 인재상을 의미하는 것이지, 있는 그대로 존재하고 있는 현재 상태를 의미하지는 않는다.

요컨대, '고객지향' 역량이 승진 역량모델에 제시되었다는 의미는 "민 원인 또는 정책 대상에게 고압적이고 권위적이고 불친절한 공직자가 우 리부의 리더로 승진하지 않았으면 좋겠다"라는 전사적인 지향점의 표상 이다.

역량은 역할(role)과 연계된 개념이다.

역량은 해당 직위position에서 수행해야 할 역할role과 밀접하게 관련된 개념이다. 즉, 사무관 역량모델이라면 사무관에게 기대되는 역할을 표상하며, 주무관에게 기대되는 역할을 표상하지는 않는다. 임원 역량모델이라면 임원에게 기대되는 역할을 표상하며, 사원에게 기대되는 역할을 표상하지는 않는다.

2000년대 전까지 미국의 팔모어 소방본부Palmore Fire Department에서는 유능한 소방관을 소방관리자로 승진시켰으나 무능한 관리자가 많이 발생하였다. 상식적인 수준에서 생각해 보았을 때 유능한 소방관은 소방관을 관리하는 소방관리자의 역할도 잘할 것 같지만, 결과는 그렇지 않았다. 왜 이와 같은 불일치가 발생했을까?

예시

소방관의 R&R	소방관리자의 R&R
• 소방기술 • 화재현장관리	• 정책수립 • 인력관리

그 해답을 역할role이라는 개념에서 찾을 수 있다. 소방관과 소방관리자는 R&RRole and Responsibility이 다르기 때문이다. 이와 같은 불일치를 발견한 이후, 팔모어 소방본부에서는 소방관리자를 선발하기 위해 역량평가를 실시하고 있다. 즉, 역량은 해당 직위position에서 수행해야 할 역할role을 반영한다.

그렇기 때문에 역량모델평가하는 역량의 set은 승진 전 직급이 아니라,

승진 후 직급에서 수행할 역할을 표상한다. 사무관 승진 역량평가 시뮬레이션에서 "당신은 OOO주무관입니다"가 아니라 "당신은 OOO사무관입니다"라고 역할 값이 주어지는 이유는 이 때문이다.

역량평가 응시자	승진 후 직급	역량모델명
사무관 승진 후보자	사무관	OO부 사무관 역량모델
임원 승진 후보자	임원	XX그룹 임원 역량모델

그러므로 "좋은 주무관이지만, 사무관으로서는 별로인 사람"도 존재할 수 있다. 기대되는 역할 값이 다르기 때문이다. 종종 "훌륭한 직원인데 왜 역량평가를 통과하지 못했는지" 의문이 드는 경우도 있다. 한가지 가능성은 승진 전 직급에서 적합하지만, 승진 후 직급에는 적합하지 않을 수 있다는 점이다. 즉, 더 큰 책임이 수반되는 새로운 역할 role을 수행할 준비가 되지 않았다고 할 수 있다.

또한, 역량에는 회사의 사업 특성, 조직의 미션과 같은 전사적인 지향점도 반영된다. 내수시장에 주력하고 있는 기업이거나, 대국민 서비스를 목적으로 하는 공공기관의 경우, '글로벌지향'은 역량모델에 포함되지 않을 것이다.

예시

역량	정의
글로벌지향	글로벌 시장 흐름 및 주요 이슈에 관심을 갖고 글로벌 기업으로서의 경쟁력을 갖추기 위해 지속적으로 노력하는 역량

결론적으로, 역량은 회사의 사업 특성을 반영하여, 승진 후 직급에서 맡게 될 역할을 잘 소화해 낼 수 있는지를 반영한 이상적인 인재상이라고 할 수 있다.

역량은 단지 머리 좋은 것을 의미하지는 않는다.

실제 업무세계에서 일을 잘하기 위해 필요한 것은 무엇일까? 많은 사람들이 '머리 좋은 것, 똑똑한 것'을 일 잘하기 위한 조건으로 떠올린다. 그렇다면 역량은 머리 좋은 것을 의미할까? 실제 세계에서 머리만 좋으면 일을 잘할 수 있을까?

"머리가 좋으면 일도 잘한다"라는 고전적 믿음을 표상하는 개념이 바로 IQIntelligence Quotient이다. 사실 역량은 IQ만으로 높은 성과를 예측하기 불충분하다는 문제의식으로부터 도출된 개념이다. 물론 일을 잘하기 위해 기본적인 IQ는 필요하다. 문제는 IQ가 전부는 아니라는 점이다. 실제 업무세계에서는 머리는 좋지만 성과는 영 나오지 않는 경우가 분명히 존재한다. 이는 다시 말해, 일 잘하는 데 필요한 것으로써 IQ가 전부가 아니라는 것을 의미한다. 즉, 성과를 내기 위해서는 IQ 이외에도 필요한 것이 분명히 존재한다.

우리가 회사에서 맞닥뜨리게 되는 많은 일들은 기획만 잘한다고 해서, 문서만 멋들어지게 만든다고 해서 끝나지 않는다. 이를 실행하는 과정에서 장애물을 극복해야 하고, 어딘가로 전화를 해서 읍소도 해야 한다. 그리고 이러한 과정의 전반에 평소에 쌓아 왔던 인간관계가 깔려 있다.

성과를 내기 위해서는

- 일단 생각하는 힘Thinking이 필요하다.
- 장애물을 극복하는 힘, 지치지 않는 맷집Working도 필요하다.
- 인간관계를 자원으로 활용할 수 있는 힘Relation 또한 빼놓을 수 없다.

이 세상에는 수많은 역량이 있지만, 개념적으로 세 가지 영역으로 정리하면 다음과 같이 카테고리를 나눌 수 있다.

영역	영역의 의미	역량 예시
사고(Thinking) 영역	자료를 바탕으로 상황을 판단하여 적합한 해결책을 도출하는 역량. 모든 일의 기본이 되는 역량.	문제인식, 전략적 사고 등등
업무(Working) 영역	포기하지 않는 추진력, 같이 일하는 팀원들까지 동기부여 하는 긍정 에너지, 근성과 끈질김.	성과관리, 실행력 등등
관계(Relation) 영역	호의적인 관계를 만들고, 도움을 얻어 내는 역량. 단순히 사람 좋고 착한 것을 의미하는 것이 아니라, 필요한 것을 얻어 내는 정치력과 협상력을 의미함.	의사소통, 관계구축 등등

즉, 이론적인 개념 IQ에서 한 발 더 나아가서, 실제 현장에서의 고성과를 예측하기 위한 실천적인 개념이 바로 역량이다. 역량은 결과적인 성과에 초점을 맞춘 개념이기 때문에, 사고Thinking영역, 업무Working영역, 관계Relation영역을 모두 포괄한다.

해당 직급에서 요구되는 역량들의 세트를 역량모델이라고 부른다. 대체로 역량모델은 4~8개 내외의 역량으로 구성되어 있다. 보편적으로 역량모델에는 사고Thinking영역, 업무Working영역, 관계Relation영역이 의미하는 바가 고르게 포함되어 있다.

① 문제인식, ② 전략적 사고, ③ 성과관리, ④ 실행력, ⑤ 의사소통, ⑥ 관계구축

그러므로, 사고Thinking는 잘하지만 관계Relation가 잘 안되어서 역량평가를 통과하지 못하는 경우도 존재한다. 이러한 경우 관계Relation영역을 보완해야 하며, 사고Thinking영역에만 매달리는 방법으로는 역량평가를 통과할 수가 없다. 그 반대의 경우도 마찬가지이다.

어떤 영역은 강하고 어떤 영역이 부족한지 역량 프로파일은 사람마다 천차만별이기 때문에, 일단 내가 어떤 영역은 괜찮고, 어떤 영역이 부족한지를 정확하게 알아야 나에게 맞는 전략을 수립할 수 있다. 역량 프로파일에 있어서 개인차는 굉장히 강력하고 중요한 것이기 때문에, 합격자 비법을 무조건 따라간다고 붙을 수 있는 것이 아니다. 합격자 비법은 그 사람의 역량 프로파일에 잘 맞는 전략이고, 다른 역량 프로파일을 가진 사람에게는 전혀 기능하지 않는 전략일 수 있다.

응시할 시험의 역량모델을 찾아보는 것이
첫걸음이다.

역량은 ① 조직의 목표달성과 연계하여 ② 높은 성과를 나타내는 사람의 ③ 일반화된 행동패턴이다. 그러므로 역량은 ① 조직의 비전과 미션을 반영한다. ② 현상으로 나타나는 결과적 성과에 초점을 맞춘 개념이다. ③ 특정 장면에서만 나타나는 예외적 행동이 아닌, 업무수행 과정에서 일반적으로 나타나는 행동이다.

역량모델은 승진 후 직급에 요구되는 역량의 set이다. 그러므로, 역량평가는 역량모델에 제시된 역량들을 정확하게 측정하는 것을 본질적인 목적으로 한다. 즉, 역량모델은 채점표라고도 할 수 있다. 역량모델에는 그냥 겉보기에 말 잘하는 것을 넘어서는 훨씬 정교하고 구체적인 의미가 담겨 있다. 그런데 많은 경우, 역량평가 사전교육에서 한 번 듣고는 한 귀로 흘리는 것 이상의 작업을 하지 않는다. 스터디할 때도 실제 채점표인 역량모델은 거들떠보지도 않는 경우가 부지기수이다. "역량평가에 응시하시는 여러분, 바로 이것을 평가합니다"라고 분명히 공지해 놓았는데, 그것을 간과하고 좋은 수행은 따로 있다고 생각한다.

실제로 역량을 향상시키기 위해서는 역량모델을 읽어 보고, 역량모델과 과거 나의 업무생활을 비교해 보아야 한다. 역량평가에 "다음 중 우리 부 역량으로 옳지 않은 것을 고르시오"와 같은 단편적인 암기사항은 출제되지 않는다. 그러므로 단순 암기를 해서는 별 의미가 없다.

역량은 쉽게 변화하지 않는 일반화된 행동패턴이며, 성격, 가치관과 밀접한 관련을 갖기 때문에, 역량의 의미를 개인화시켜서 이해하는 것이 핵심이다. 개인화시켜서 이해하는 방법은 "나는 역량의 정의에 적혀 있는 대로 업무생활을 해 왔었나?" 스스로 질문을 해 보는 것이다. 안 해 왔다면 안 해 왔던 이유가 있을 것이고, 이것을 해결해야만 앞으

로 나아갈 수 있는 타이밍이 온 것이다. 어떤 역량은 부족하고, 어떤 역량은 괜찮은지

나 자신을 객관화하여 이해해 보아야 나에게 맞는 맞춤전략을 수립할 수 있다.

02

역량평가를 둘러싼
대표적인 오해들

역량평가를 둘러싼
대표적인 오해들

1장에서 설명한 바와 같이 역량평가는 역량을 평가하는 시험이다. 따라서, 개념적으로 보면 역량평가 이전에 역량이 먼저 존재한다. 승진 후 직급 지원자의 역량을 정확하게 측정하기 위해서 역량평가를 실시하는 것이지, 역량평가를 위해서 역량이 존재하는 것은 아니다. 그러므로 역량평가를 잘 보기 위해서는 역량을 이해하는 것이 선결 과제일 수밖에 없다. 역량이 무엇인지 정확히 이해한 후에 밟아야 할 단계는 역량평가가 무엇인지 이해하는 것인데, 많은 사람들의 인식 속에 역량평가는 수많은 오해들로 둘러싸여 있다.

역량	역량평가
어떤 개념인지 잘 모름	수많은 오해들로 둘러싸여 있음

대표적인 오해들로 "말 잘하는 사람이 잘 보는 시험이다", "정해진 정답이 있다", "형식이 중요하다", "이미지메이킹이 중요하다", "평가위원 인터뷰는 압박면접이다"와 같은 것들을 들 수 있다. 그뿐만 아니라 "이렇게 하면 붙는다, 저렇게 하면 떨어진다"와 같이 근거가 불분

명하고 출처를 알 수 없는 수많은 비법들이 구전되고 있다. "~라고 하더라", 소위 "~카더라" 또는 "카더라 통신"이라고 불리는 수많은 파편정보들이 머릿속을 혼란스럽게 한다.

무엇인가를 올바르게 "이해"하기 위해서는, 대상에 대해 형성되어 있는 "오해"의 불식이 먼저 이루어져야 한다. 선입견이 있으면 대상을 있는 그대로 인식하는 데 어려움을 겪을 수밖에 없다. "위의 예시들은 오해가 아니라 정확한 이해가 아닌지" 의아함이 들 수도 있을 것이다. 이 장에서는 위의 모든 예시들이 오해인 이유가 무엇인지 역량평가의 기본원리에 근거하여 하나씩 살펴볼 것이다.

말 잘하는 사람이 잘 보는 시험이다.

역량평가에서 측정하고자 하는 역량은 말의 유창함이 아니라, 주어진 상황에서 문제를 해결하는 능력이다. 그럼에도 불구하고 이러한 오해가 생겨난 이유는 평가위원과 질의응답을 통해 진행되는 인터뷰 형식에 비롯된 바가 크다.

역량평가 진행 프로세스 (Presentation, In-Basket의 경우)	자료파악 + 문서작성
	작성한 문서에 기반한 평가위원 인터뷰(질의응답)

평가위원 인터뷰 장면에서 주어진 질문에 어떤 대답을 내놓더라도 평가위원은 집요하고 끈질기게 꼬리에 꼬리를 물고 질문에 질문을 이어 간다. 많은 수험자가 이와 같은 질문 세례에 멘붕을 경험하고, 이것이 수험자들 사이에서 구전되는 과정을 통해 공포로 거듭난다. 평가위원이 왜 이런 질문 세례를 쏟아붓는지 메커니즘과 원리를 이해하지 못하면, 유창하고 순발력 있게 질문 세례에 대처하는 소위 말빨이 고득점의 비법이라고 생각하게 된다.

대체 평가위원은 왜 이런 질문 세례를 쏟아부을까? 평가위원의 입장을 생각해 보면, 질문 세례를 쏟아붓는 원리를 쉽게 이해할 수 있다.

구분	Presentation 평가 담당 "김교수"의 의견	In-Basket 평가 담당 "박교수"의 의견
평가대상자 12의 기획력	3.0점(5점 만점)	2.0점(5점 만점)

5점 만점 척도: 점수의 의미				
매우 미흡	미흡	평균	우수	매우 우수
1.5	2.0	2.5	3.0	3.5

김교수는 평가대상자 12의 기획력이 "우수"하다고 평가하였고, 박교수는 평가대상자 12의 기획력이 "미흡"하다고 평가하여, 의견이 갈리는 상황이다. 조정회의평가위원 전원이 한자리에 모여, 부여한 점수의 타당성을 점검하는 회의에서 박교수는 김교수에게 이렇게 물어본다.

"평가대상자 12의 기획력이 우수하다고 생각하시는 근거는
무엇입니까?
Presentation 과제에서 관찰된 평가대상자 12의 행동 특성을
설명해 주십시오."

김교수로서는 이렇게 대답할 수가 없다.

"그냥 보니까(얼굴, 관상, 느낌, 표정 등) 잘할 것 같아서요."

이렇게 대답하면 큰일 난다. 평가위원은 인터뷰 과정을 통해 자신이 부여하는 점수를 뒷받침할 근거를 수집하고, 조정회의에서 설명해야 할 책무를 지닌다. 피드백리포트에 기록까지 해야 한다. 자신이 부여한 점수의 근거에 대한 설명이 기록으로 남는다.

평가위원 인터뷰에서 꼬치꼬치 독사처럼 오만 질문으로 물고 늘어지는 이유는, 추후에 자신이 부여한 점수의 타당성에 대해 설명해야 하기 때문이다. 이 근거는 평가대상자의 "기획력"에 관한 것이어야 하며, 단순한 "유창함"이나 "순발력"이어서는 안 된다. 따라서 평가의 본질은 질의응답 시 말의 유창함을 확인하는 데 있는 것이 아니라, 대안

의 구체성과 합리성을 확인하는 데 있을 수밖에 없다.

얼마나 종합적인 시각에서, 전략적으로 판단하여, 장애요인을 꼼꼼하게 고려하여, 이해관계자 입장까지 반영하여, 진짜 집행이 될만한 실천력 있는 대안을 도출했는지 확인하는 것이 목적이다. 현실 업무세계에서 좋은 기획안/나쁜 기획안을 가르는 기준과 똑같다. 역량평가에서만 현실과는 동떨어진 별나라의 기준을 갖는 것이 아니다. 이와 같은 것을 갖추어야 좋은 기획안이며, 좋은 기획안을 썼어야만 기획력 역량을 보유하고 있다고 판단하는 것이 합리적인 추론이다.

또한, 끝없는 질문 세례 때문에 평가위원 인터뷰는 "압박면접"으로 잘못 알려져 있다. 압박면접은 평가대상자가 스트레스 상황에 어떻게 대처하는지 관찰하기 위해, 고의로 스트레스를 주는 다소 비윤리적인 면접 기법을 말한다. 그런데 질문의 목적은 대안의 구체성과 합리성을 확인하는 데 있지, 고의로 스트레스를 주고 스트레스를 주면 어떻게 반응하는지 관찰하는 데 있지 않다. 이것은 질문 세례의 공포가 구전되면서 만들어진 도시전설과 같은 것이다.

질문을 통해 평가대상자를 괴롭히는 것은 본래 의도한 목적이 아니다. 대안의 구체성과 합리성을 확인하고, 이것을 설명하고 기록해야 하는 입장으로서는, 기획안의 내용 중에 다음과 같은 부분이 있다면 질문을 하지 않을 도리가 없다.

- 이게 도대체 무슨 소리인지 이해가 안 됨
- 모호하고 아름다운 형용사만 나열되어 있지, 그래서 어떻게 하겠다는 것인지 알 수 없음
- 평가대상자의 문서설명/구두설명이 치명적인 논리적 오류를 내포하고 있음
- 상식적으로 생각해 봤을 때, 기획안의 내용에 도저히 현실성이 없음

현실 업무세계에서도 기획안을 보고 받는 입장에서는 위와 같은 의아함이 있을 때 작성자에게 질문을 하지 않을 도리가 없다. 이때, 질문의 본질적 목적이 "괴롭히기/압박하기"는 아니다.

질의응답 인터뷰에서 평가위원이 제시하는 질문을 방법론적 관점에서는 "probing question"이라고 지칭한다.

---

probe (동사)
1. 캐다, 캐묻다, 조사하다
2. 탐색/탐사하다, 살피다

동사 probe는 "캐다", "탐색하다"의 의미를 갖는다. probing question은 평가대상자가 보유한 역량을 "캐기 위해서" 던지는 질문이다. 즉, 여러 방면으로 점수를 줄 여지를 탐색하는 것이다.

- 따라서 마음을 열고 평가위원의 질문을 들으면 힌트가 들린다.
- "나를 괴롭히는 압박이다"라고 생각하면 단서가 전혀 들리지 않는다.

기획이 잘되어 있으면, 말이 매끄럽게 나오기 마련이다. 역량평가의 질의응답 인터뷰는 스탠딩 토크쇼도 아니고, 문학 낭독회도 아니며, 스피치 콘테스트도 아니다. 쇼맨십은 평가하지 않기 때문에, 기교 따위는 필요 없다. 합리성과 구체성에 기반하여, 잘 기획한 내용을, 잘 알아들을 수 있게 설명하면 그만이다.

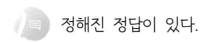 정해진 정답이 있다.

많은 수험자들이 역량평가에서 정해진 정답을 찾기 위해 노력한다. 그리고 정해진 정답을 찾으면 문제해결이 끝난다고 생각한다. 평가 중 쉬는 시간에 담배 피우는 곳에서 다음과 같은 대화를 나누시는 분도 있다.

"In-Basket 위임 과제에서,

강○○에게 위임하면 3점이고,

한○○에게 위임하면 2점이라고 하더라."

결론부터 얘기하면, 역량평가에는 정해진 정답이 없다. 강○○에게 위임함을 선택한 모든 수험자가 동일한 3점의 평정을 받는 것도 아니다. 그럼에도 정해진 정답을 찾기 위해 혈안이 되는 이유는 "고전적 4지 선다형 시험"에 익숙해진 관념 때문이다.

문제. 다음 중 정답을 고르시오.			
① A	② B	③ C	④ D

4지 선다형 문제에는 왜 답을 골랐는지 적는 칸이 없다. 찍어서 맞추든, 알아서 맞추든, 맞추기만 하면 점수는 같다. 옳은 답을 선별해 내면 문제해결은 끝이 난다. 그러나 현실의 문제해결은 이러한 프로토콜과는 매우 다르다.

우리 팀이 내년에 시행할 수 있는 사업의 후보			
옵션 A	옵션 B	옵션 C	옵션 D

역량평가의 본질

내년에 시행할 사업으로 무엇이 적합한지, 네 가지 옵션을 비교하는 기획안을 생각해 보자.

"우리 팀이 내년에 시행할 수 있는 사업은 A, B, C, D
네 가지가 있습니다.
그중에 B가 가장 바람직한 것으로 판단됩니다.
그 이유는 생략합니다. 여러분의 상상에 맡기겠습니다."

세상에 이런 기획안은 없다. B를 골랐으면 왜 B를 골랐는지 납득이 되도록 설명하는 것이 당연하다. B를 고르면 집행 단계에서 만사형통일 리도 없다. 옵션 B가 내포하는 한계점은 무엇이고, 그러한 한계점에도 불구하고 옵션 B가 다른 옵션보다 뛰어난 이유는 무엇이며, 한계점을 극복하기 위해 취해야 할 조치가 무엇인지, 옵션 B의 장점을 극대화하기 위해 필요한 전략은 무엇인지, 듣는 사람이 납득할 수 있도록 설명할 수 있어야 문제해결을 한 것이다. 현실 업무세계의 문제해결은 4지 선다형과는 매우 다르다.

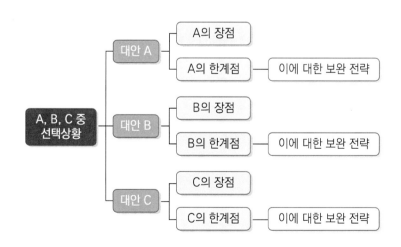

역량평가에 정답은 없지만, 다른 대안보다 설명이 잘되고, 다른 Task 들과 잘 어우러져 매끄럽게 문제해결을 할 수 있는 바람직한 대안은 존재할 수 있다. 위의 상황에서 매끄러운 대안이 B라고 가정해 보자. 평가대상자가 B를 선택했다고 할지라도, B를 선택한 합리적인 이유와 이에 따른 보완 전략을 설명하지 못한다면, 기획력을 보유했다고 할 수 있을까? In−Basket 위임 과제에서 강○○이 적합한 위임대상이라고 할지라도, 그 이유를 설명하지 못한다면 기획력을 보유했다고 할 수 있을까?

"결론은 B, 이유는 생략" 이렇게 기획안이 작성되어 있다면, 평가위원은 보나마나 그 이유를 물어본다. 평가위원으로서는 안 물어볼 수가 없다. 무엇을 선택하였든 자신이 구성한 논리의 구체성과 합리성을 제시하지 못한다면, 기획력은 없는 것이다.

문제해결의 본질은 무엇을 선택하였는가에 있는 것이 아니라, 왜 그런 선택을 하였는지 합리성과 구체성에 기반하여 자신만의 논리를 전개하는 데에 있다.

- 틀린 접근법 뭘 골라야 정답일까?
- 옳은 접근법 어떻게 내 선택을 설명해야 설득력 있을까?

역량평가의 본질

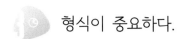 형식이 중요하다.

　많은 수험자들이 학원에서 배운 문서작성 형식을 시험 시작과 함께 토해 내듯이 컴퓨터에 입력하곤 한다. 이러한 현상은 특히 In−Basket 과제에서 두드러진다.

과업	우선순위	마감시한	이해관계자
OOO 사업 추진 방안 마련	1	~까지	DDD 국장
XXX 건립 방안 마련을 위한 이해관계자 면담	3	~까지	YYY 민원인
AAA 사고 후속 대책 마련	2	~까지	BBB 요양원

　결론부터 얘기하면, 정형화된 형식은 고득점에 도움이 안 된다. 형식은 현상을 담는 틀이기 때문에 현상이 달라지면 형식도 달라져야 한다. 위의 형식에서는 "우선순위", "마감시한", "이해관계자"라는 column 값이 미리 설정되어 있다. 다시 말해, 위의 형식에서는 "우선순위", "마감시한", "이해관계자" 이외의 다른 정보가 중요할 가능성은 존재하지 않는다고 단정하고 있다.

　column 값을 "우선순위", "마감시한", "이해관계자" 이외에 다른 것으로 바꿔 끼더라도, 현상을 보기도 전에 형식을 단정한다는 점은 변하지 않는다. 인간의 뇌는 형식을 미리 정해 놓으면, 형식에 맞지 않는 데이터는 인식 자체를 하지 않는다. 실제 시뮬레이션 과제에서 미리 단정해 놓은 형식 이외에 중요한 정보가 존재하더라도, 뇌는 그것을 무시하게 된다.

　이에 그치지 않고 형식에 맞지 않는 데이터는 형식에 맞도록 왜곡해서 해석함으로써, 어떻게든 현상을 형식에 욱여넣게 된다. 즉, 시뮬레이션에서 주어지는 정보 값을 있는 그대로 받아들이지 않고, 내가 보고 싶은 대로만 현상을 자의적으로 해석하게 된다. 그 결과 문제의 핵심을 놓치고, 기획안의 밸런스가 깨지고, 본질보다 지엽적인 것에만 집착하게 된다.

먼저 존재함	→	나중에 나타남
현상	→	형식
콘텐츠	→	포맷
내용	→	목차

모든 보고서에 적용할 수 있는 단 하나의 만능 목차는 세상에 존재하지 않는다. 담을 내용에 따라 보고서의 목차는 달라지기 마련이다. 어떻게든 목차에 욱여넣으면, 전달력이 떨어지거나, 중요한 내용을 탈락시키게 된다.

콘텐츠를 잘 전달하고 표현하기 위해 포맷이 있지, 포맷을 위해 콘텐츠가 존재하는 것은 아니다. 콘텐츠가 달라지면, 포맷은 콘텐츠를 가장 적합하게 표현하기 위해 달라져야 한다. 내가 보고서 목차를 미리 정해 놓았다고 해서, 보고서에 담을 세상일이 내 맘대로 일어나 주는 것은 아니다. 그런데 본질을 생각하지 않으면 콘텐츠는 생각하지 않고 포맷에만 목숨을 걸게 된다. 무슨 내용을 전달할지보다는, 어떻게 하면 있어 보일지에만 신경을 쓴다.

〈표 형식을 쓰는 흔한 이유〉
- 문서의 양을 많아 보이게 하려고
- 있어 보이니까
- 합격자가 그렇게 했으니까

역량평가의 본질

이와 같은 이유로 채택한 형식이 콘텐츠의 전달력에 도움이 될 리가 없다.

중요한 것은 생각을 구조화하여 표현하는 원리이다. 형식을 미리 설정해 놓는 또 다른 보편적인 이유는 다음과 같은 믿음에 기반해 있다.

"짧은 시간 내에 생각을 구조화하는 것은 불가능하다."

그런데 미리 설정해 놓은 한 가지 형식이 시뮬레이션 현상을 최적으로 설명하는 최적의 포맷일 가능성은 확률적으로 없다. 다시 말해, 현상을 보기도 전에 설정해 놓은 포맷이 최적일 확률은 0%에 가깝다. 반면, 포맷이 인식 자체를 방해하여 문제의 핵심을 놓치게 만들 확률은 100%에 가깝다.

문제를 본질적으로 해결하는 방법은 생각의 구조화를 훈련하는 것이다. 생각을 구조화할 수 있으면, 어떤 현상이 나오더라도 이것을 최적으로 설명하는 포맷을 구성할 수 있다. 구조만 제대로 잡혀 있으면 짧은 시간 내에도 콘텐츠를 구성하여 표현하는 것이 가능하며, 사실상 이것 말고는 방법이 없다.

형식에 집착하는 많은 사람들은 다음과 같은 그릇된 신념을 가지고 있다.

"최적의 형식으로 작성된 단 한 가지 모범답안이 존재한다."

그래서 모범답안의 형식에 집착한다. 이 가정이 맞는다면, 고득점으로 갈수록 고득점자의 답안지들은 단 한 가지 모범답안과 동일한 형태로 수렴해야 한다. 실제로 고득점자의 답안지들은 자신만의 사고패턴, 표현방식, 스타일에 따라 가지각색이다. 3점우수 이상의 답안지들이 한 가지 형태로 수렴한다고 생각한다면, 대단한 착각이다. 앞서 언급한 바와 같이, 역량평가에 정답은 없다. 그러므로 모범답안도 없다. 고정된 단 한 가지 모범답안이 존재하는 방식은 4지 선다형 시험이다.

Role Play 과제의 경우에는, 다음과 같은 시나리오를 무조건 지켜야 한다는 족보가 나돌기도 한다.

상대 발언에 대한 경청 → 공감대 형성 → 대안 협의 → 협의 사항 재확인

역량평가는 현실 업무에서 맞닥뜨릴 수 있는 상황에 대한 모사simulation 이다. 현실을 생각해 보자. 세상에서 만나는 수많은 민원인에 대응하는 한 가지 만능 대화법이 존재하는가? 정형화된 대화법은 상대방에 대한 반응성을 떨어뜨릴 수밖에 없다. 상대방이 어떤 반응을 보이건, 내가 짜 놓은 대로만 나가려는 일방통행이 된다.

시나리오에 맞추어 다음 단계에서 내가 할 말만 생각하는 행동은 상대방에 대한 집중도를 떨어뜨리게 되고, 결과적으로 "내 말은 안 듣고, 자기 할 말만 생각하고 있구나"라고 느끼게 만든다. 현실의 민원인과 마찬가지로, Role Play 역할연기자는 미리 짜 놓은 시나리오에 맞춰 반응하는 기계가 아니다.

> "짧은 시간 내에 생각을 구조화해서 콘텐츠를 구성하는 것은
> 절대 못 할 거야.
> 그러니까 정형화된 공식을 외워서 거기에다 끼워 맞추자."

이런 생각은 문제해결에 절대 도움이 되지 않는다. 그냥 도움이 되지 않는 정도가 아니라, 도저히 헤어 나올 수 없는 수렁을 만든다. 현실과 동떨어져 역량평가에만 적용되는 별나라 규칙이 있는 것이 아니므로, 현실의 상식에 기반해서 생각해 보자. 포맷보다 콘텐츠가 먼저다.

역량평가의 본질

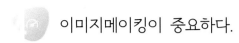 이미지메이킹이 중요하다.

역량평가에서 평가하는 것은 평가대상자의 "역량"이지, 평가대상자의 "이미지"가 아니다. 그럼에도 불구하고 어떻게 보여지는지, 이미지에 지나치게 신경을 쓰는 행동에는 다음과 같은 전제가 깔려 있다.

"평가위원도 사람인데, (원칙적으로는 그래서는 안 되지만) 이미지에
영향을 받지 않을까?"

결론부터 얘기하면, 이미지가 평정 점수에 영향을 미칠 가능성은 거의 없다.

역량평가에서 측정하고자 하는 것은 역량이다. 역량 이외의 요소를 평정 점수에 반영하는 것은 평정오류이다. 이미지와 같이 역량과 상관없는 것을 평정 점수에 반영하는 현상을 흔히 후광효과halo effect라고 부른다.

후광효과(halo effect)
사람의 어떤 하나의 특징에 대하여 좋거나 나쁜 인상을 받으면, 그 사람의 모든 특징도 실제 이상으로 높거나 낮게 평가하는 현상.

쉽게 말해, 잘생겼다고 점수 주고, 굽신거린다고 점수 주는 것이 후광효과이다.

보편적으로 역량평가에서는 고도로 훈련된 평가위원을 선별적으로 위촉하는 과정을 거친다. reference 체크도 하기 때문에, 훈련 수준이 낮거나 평가실력에 대한 평판이 나쁜 경우 위촉과정에서 배제되는 것이 일반적이다.

후광효과는 주로 다음과 같은 상황에서 잘 일어난다.

측정하고자 하는 것이 무엇인지 개념적으로 정립이 안 되어 있을 때	훈련 수준이 낮은 사람이 평정을 수행할 때
예) "좋은 사람", "훌륭한 인재"를 선발하는 것이 목적임	예) 현업 수행 중이던 사람이 아무런 교육도 받지 않고(또는 단시간 교육만 받은 후) 갑자기 면접관으로 투입됨

역량평가에서는 측정하고자 하는 것이 역량모델로서 정립되어 있으며, 평가위원 선별 과정을 거치기 때문에, 위와 같은 예시와는 상당히 다른 상황이다.

기본적으로 어떤 의상을 착용하였는지는 평정 점수에 영향을 미치지 않는다. 다만, 인간과 인간 사이에 면대면 대화를 통해 평가가 이루어지기 때문에, 세상의 모든 대면평가와 마찬가지로 반사회적인/혐오감을 주는/더러운/술 냄새가 풍기는 옷차림 등은 영향을 미칠 수 있다.

"넥타이를 매지 않고 시험장에 오셔도 됩니다" 주관부서운영지원과, 인사팀, 교육계 등에서 분명히 공지했는데도 "나 혼자 넥타이를 매지 않으면 괜히 튀지 않을까" 걱정하는 데 에너지를 낭비할 것 같으면, 굳이 평정 점수에 영향을 미치지 않더라도 넥타이를 안 매고 마음이 불편한 것보다는 넥타이를 매고 마음이 편한 쪽이 낫다. 평가위원에게 잘 보이는 이미지메이킹 효과는 없지만 하이힐을 신어야 내 마음이 편하다면 그렇게 하는 편이 낫다.

"카더라"의 진실

역량평가를 준비하다 보면, 수많은 "~카더라"를 듣게 된다. "누가 ~라고 하더라"와 같은 파편 정보를 소위 "카더라" 또는 "카더라 통신"이라고 부른다. 특히 평가 직전에는 셀 수도 없이 많은 "카더라"가 쏟아진다. 수많은 카더라 사이의 공통점은 앞뒤 맥락에 대한 설명이 없다는 점이다. 대신 특정한 행동만을 부적처럼 강조한다.

(카더라 예시) 세부추진계획에 협의체를 언급하면 합격한다. 그러므로 (앞뒤 맥락 상관없이) 세부추진계획에는 협의체를 언급해야 한다.

위의 카더라를 타당화시켜 주는 근거는 협의체를 PT 과제 답안지의 세부추진계획에 언급한 사람이 00년도 역량평가에 합격했다는 것이다. 그런데, 협의체가 꼭 필요했던 것은 00년도 역량평가 Presentation 과제의 특성일 수 있다. 즉, 00년도 Presentation 시뮬레이션에서는 앞뒤 맥락을 고려할 때, 협의체를 구성하는 것이 문제해결의 핵심일 수 있다는 것이다.

00년도 Presentation 과제에서, 다양한 이해관계자 의견수렴이 부족했던 것이 근본적인 문제였다면, 협의체를 구성하는 절차가 문제해결에 도움이 된다. 묻지도 따지지도 않고 세부추진계획에 협의체를 욱여넣었는데, "협의체는 문제해결에 어떤 의미를 갖나요?" 평가위원의 질문이 주어지면 진땀을 뺄 수밖에 없게 된다.

앞뒤 맥락이 분명히 다르게 제시될 다른 시뮬레이션 과제에서, 00년도 합격자가 취했던 특정한 행동이 맥락에 맞을 것이라는 보장은 없다. 확률적으로 보면, 부적처럼 강조된 특정한 행동이 앞뒤 맥락과 자연스럽게 어울릴 확률은 0에 가깝다. 즉, 묻지도 따지지도 않고 무조건 세부추진계획에 협의체를 언급하는 특정한 행동이 기획안의 quality에 도움이 될 리가 없다.

특정한 행동이 기획안의 맥락에서 튀어 버리면, 도움이 안 되는 정도가 아니라 해가 된다. 난데없이 생뚱맞은 내용이 등장하거나, 앞뒤 기획안 스토리와 모순되면, 평가위원은 그걸 가지고 질문을 안 할 리가 없다. 맥락에서 튀는 콘텐츠를 부적처럼 욱여넣는 것은, 진땀 나는 평가위원 질문 릴레이를 부르는 행동이다. 아무 생각 없이 집어넣는 콘텐츠는, 이에 따르는 추가 질문을 받게 되면 논리적으로 수습이 안 된다. 결국 아무말대잔치로 역량을 발현해야 할 귀중한 인터뷰 시간을 아무 의미 없이 허비하는 경우가 많다.

특정한 행동과 탈락을 연결하는 반대 유형의 카더라도 마찬가지로 많다.

(카더라 예시) 생각이 제대로 정리되지 않는 상태에서 급하게 기획안을 쓰느라 "그닥"이라는 단어를 사용했고 해당 역량평가에서 탈락했다. "그닥"과 같은 단어를 쓰면 안 되고, 고급진 한자어를 써야 한다.

과제를 제대로 파악하지 못한 결과로 생각이 제대로 정리가 안 되었기 때문에, 기획안의 quality가 좋았을 리가 없다. "그닥" 대신에 "다소"를 썼더라도 결과는 달라지지 않았을 것이다. 평가위원은 기획안 전체의 구성/체계성/구체성을 따져서 점수를 매길 뿐, "그닥"을 쓰든 "다소"를 쓰든 관심이 없다. 고급진 한자어를 쓰든 말든 기획안의 quality가 좋지 않다면 좋은 점수를 줄 수는 없다.

실제 상황	앞의 맥락 – (특정한 행동) – 뒤의 맥락
카더라 통신	無 – **(특정한 행동)** – 無

특정한 행동은 앞뒤의 맥락과 어우러졌을 때, 역량발현 행동으로 나타날 수 있다. 그런데 "카더라"는 앞뒤 맥락이 전혀 없는 파편 정보로 이루어져 있다.

시험이 끝나고 나면 시뮬레이션의 앞뒤 맥락은 기억이 안 나지만, 특정한 행동은 기억에 생생히 남는다. 따라서, 합격자/탈락자는 특정한 행동과 고득점/저득점을 연결 지어 생각하는 경향이 있다. 아주 드물게 합격자/탈락자가 특정 행동의 앞뒤 맥락을 설명했다고 하더라도, 이야기가 구전되면서 맥락 정보는 모두 없어지고 특정한 행동만 남는 것이 대부분이다.

결국 듣게 되는 "카더라"는 앞뒤 맥락을 다 잘라먹은 파편 정보뿐이다. 이래서는 합격전략을 수립함에 있어서 정보가치가 전혀 없지만, 갈대같이 흔들리는 불안한 마음은 묻지도 따지지도 않고 통용되는 부적을 믿고 싶어 한다.

불안한 마음에 "카더라"에 귀를 기울일 수밖에 없다면,
듣고 싶지 않아도 너무 많이 쏟아져서 피할 수가 없다면,

— 실제 상황에서는 존재했지만 구전되면서 없어진 파편 정보의 앞뒤 맥락은 무엇인지?
— 앞뒤 맥락을 고려해 보았을 때도 여전히 카더라가 유효한지?

이성적/논리적으로 검증해 보는 것이 흔들림을 줄일 수 있는 방법이다. 구전되어 듣는 것이 아니라 경험자에게 직접 듣는 상황이라면, 도대체 특정 행동의 앞뒤에는 어떤 맥락이 존재했었는지 물어보면 된다.

역량평가는 보편적인 상식을 초월해서 이루어지는 것이 아니기 때문에, 이성을 챙겨서 조금만 냉정하게 생각해 보면 카더라가 말이 되는 소린지 말이 안 되는 소리인지는 어렵지 않게 구분할 수 있다. 현실 업무세계에서 일 잘하는 데 유효한 행동은 역량평가에서도 고득점으로 평가된다.

카더라는 백이면 백 다른 상황에서, 백이면 백 다른 캐릭터 값을 가진 사람이 취했던 특정한 행동이기 때문에, 내가 해결해야 할 시뮬레이션 상황에서, 나의 캐릭터 값에 자연스럽게 어우러질 확률은 사실상 0에 수렴한다.

사람의 역량 프로파일, 사고패턴, 글 쓰는 스타일, 말하는 스타일은 모두 다르기 때문에, 누군가에게 매우 유용한 전략이 누군가에게는 독이 될 수 있다. 내가 어떤 사람인지 나 자신을 객관적으로 분석하지 않고 카더라 부적만 끌어모아서는 될 일도 안 된다. 수없이 쏟아지는 카더라를 모두 수용하면 나의 페이스는 완전히 무너질 수밖에 없다.

합격자 수기를 보는 것이 좋다.

역량평가를 준비하는 많은 응시자들이 합격자가 무엇을 어떻게 했는지 궁금해한다. 이러한 궁금증으로 합격자 수기를 찾아보기도 하고, 합격자 특강을 듣기도 한다. 결론적으로 이러한 합격자 콘텐츠가 도움이 될 확률은 거의 없다. 오히려 해가 될 확률이 높다.

그 이유는 사람마다 역량 프로파일이 다르기 때문이다. 합격자와 나는 명백히 다른 개인이다. 저 사람에게 유용한 방법론이 나에게 유용할 가능성은 거의 없다. 오히려 몸에 맞지 않는 옷을 입은 것처럼 어색할 확률은 매우 높다. 저 사람이 어떤 사람인지 캐릭터 값이 결과에 거의 영향을 주지 않는 암기형 지식평가에서는 합격자가 쓴 방법론이 유일무이하게 타당한 방법론일 수 있다. 반면, 역량평가에서는 개인차가 굉장히 중요한 역할을 한다. 사실 개인차 그 자체가 측정하고자 하는 개념이다.

"당신이 어떤 사람인지, 승진 후 직급이 되어서 어떤 행동을 할지" 캐릭터 값을 예측하는 것을 목적으로 하는 역량평가에서는 유일무이하게 타당한 방법론이란 것이 있을 수 없다. 세상에 일 잘하는 사람의 캐릭터가 하나의 프로토타입으로써 고정되어 있는 것이 아닌 것과 마찬가지다.

저 사람에게 유용한 방법론이 왜 유용했는지 핵심원리를 이해하고, 이것이 나에게도 유용할지 나의 역량 프로파일에 맞춰 검증한 다음, 튜닝할 부분은 튜닝해서 적용한다면, 다시 말해 나의 적극적/능동적 해석을 바탕으로 합격자 콘텐츠를 접한다면 도움이 될 수도 있다.

그런데 이러한 과정이 일어나는 경우는 지극히 드물다.

보통은 묻지도 따지지도 않고 합격자가 했던 특정한 행동을 부적처럼 신봉하기 마련이다. 원리를 이해하고 싶어하지도 궁금해하지도 않고, 그저 만능부적만을 바라는 것이 보통이다. 또한, 합격자 수기를 읽는다고 해도 합격자가 했던 어떠한 연습방법을 그대로 하지도 않는다. 그저 그렇게 하지 않는 자신에 대해 불안한 마음만 커질 가능성이 높다.

　　합격자 특강이 도움이 되지 않을 수 있는 이유는, 그것이 자랑과 무용담으로 점철되어 있을 수 있기 때문이다. 역량과 역량평가의 메커니즘에 기반하여 과학적인 설명, 진짜 도움이 되는 설명이 이루어지면 좋겠지만, 많은 경우 "내가 군대에서 호랑이를 잡았어, 내가 군대에서 산을 옮겼어"와 같은 뉘앙스로 자신의 무용담을 자랑하기 위해 과장이 이루어진다. 앞뒤 맥락 다 잘라먹고 기억에 남는 특정한 행동만 언급할 경우, 이것이 바로 하나의 "카더라"가 창조되는 과정이다.

　　진짜 도움이 되는 것은, 나의 역량프로파일에 맞추어 어떤 점이 개발 포인트인지 함께 전략을 수립해 주는 피드백이다. 그러려면 피드백 해 주는 사람 입장에서 나름대로 준비와 공부를 해야 되고, 무엇보다 피드백 받는 사람의 성격, 가치관, 업무습관, 역량 프로파일과 같은 캐릭터 값을 잘 알아야 한다.

　　개인적인 애정을 갖고 있는 것이 아닌 이상, 피드백해 주는 사람이 준비와 공부에 많은 에너지를 투입할 가능성이 거의 없다. 잘난 척 하기 위한 것이 목적이라면, 피드백 받는 사람을 위해 에너지를 투입할 가능성이 전혀 없다. 개인적인 애정이나 친분이 전혀 없는데, 요청하지도 않았는데 굳이 먼저 합격자 특강을 해 주겠다는 사람의 경우, 잘난 척이 주목적일 가능성이 매우 높다.

역량평가의 본질
The essence of Assessment Center

03

동기(motivation)의
중요성

동기(motivation)의
중요성

역량은 행동패턴이기 때문에, 역량평가에서는 평소 업무생활에서 내가 가지고 있는 행동패턴예: 생각하기 싫어함, 애매한 글쓰기 표현, 떠넘기기, 고압적인 태도 등이 그대로 드러난다. 단순지식을 평가하는 4지 선다형 지식평가와 달리, 역량평가에서는 행동패턴을 평가하기 때문에 심리적 차원의 동기motivation: 어떤 일이나 행동을 일으키게 하는 계기가 더욱 중요한 역할을 한다.

"왜 이런 걸 만들어서 사람 힘들게 하나?" 하기 싫은 마음으로 하면, 내가 가지고 있는 역량조차 100% 발현이 안 된다. "하기 싫은 거 꾹 참고, 열심히 하면 되지. 동기가 무슨 상관이냐?" 생각할 수도 있지만, 사실 동기motivation와 성과performance는 매우 깊은 관련성을 가지고 있다. 현실의 업무세계에서도 마찬가지이다.

내 능력은 똑같은데,

- 너무 하기 싫고 분하고 억울한 일을 꾹 참고 할 때,
- 일 자체가 의미 있다고 생각해서 신이 나서 할 때,

성과는 크게 차이 난다.

"동기는 당연히 100%로 유지할 수 있다"라고 자신한다면, 그것 또

한 매우 위험한 착각이다. 인간의 마음은 그렇게 인위적인 방식으로 작동하지 않는다. 역량평가라는 제도 자체에 대해 거부감을 가지고 있거나, 도대체 역량평가 같은 걸 왜 하는지 불만이 가득이라면, 내가 가지고 있는 잠재력 100%를 쏟아붓지 않게 된다. 인간의 마음은 이해하지 못한 것에 대해서는 최선을 다할 수가 없게 되어 있다.

　역량평가는 평가방식이기 이전에 인사 제도의 하나이다. 이 장에서는 이러한 제도의 도입 취지는 무엇인지, 조직HR 관점에서 역량평가는 어떤 의미를 갖는지, 그렇기 때문에 나는 어떻게 이 문제에 접근하는 것이 전략적일지 살펴볼 것이다.

역량평가 자체에 대한 거부감

실제로 매우 많은 응시자들이 역량평가에 대해 극심한 거부감을 가진 채 시험을 치르고 있다. 이러한 불만은 한 문장으로 요약할 수 있다.

"왜 이런 걸 만들어서 사람 힘들게 하나?"

그렇다면, 역량평가가 없었다면 이렇게 힘들 일도 없었을까? 만약 우리 부에서 역량평가를 도입하지 않았다면, 사무관 승진은 누워서 떡 먹기였을까?

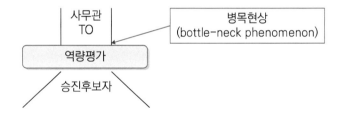

고충의 본질은 평가방식이 아니라 인구구조에 내재해 있다. 역량평가가 없어진다고 해서 사무관 TO가 늘지는 않는다. 역량평가가 없어진다면, 다른 평가방식 또는 기준이 그 자리를 대체할 것이고, 다른 평가방식에 대해 또다시 이런 생각을 갖게 될 것이다.

"왜 이런 걸 만들어서 사람 힘들게 하나?"

고충 없이 승진하려면, 사무관 TO가 늘어나야 한다. 역량평가 자리

역량평가의 본질

에 다른 것을 끼워 넣는다고 해서 고충이 없어지지는 않는다. 인사담당부서의 입장에서 생각해 볼 때, 인구구조로 인한 병목현상을 완화하려면, 사무관 승진후보자가 되기도 전에 저성과자를 회사에서 퇴출하는 방안이 있다. 구성원의 입장에서 생각해 볼 때, 이런 방법은 역량평가보다도 훨씬 더 큰 반발을 초래할 것이다. 다른 방법으로는 승진후보자 pool을 아주 작게 만드는 방법이 있다. 대다수의 사람들에게 승진기회 자체를 안 주는 것이다. 고전적인 연공서열제도 극심한 경쟁률은 완화해 준다. 대신 능력 있는 사람이 위로 올라갈 수 있는 기회를 박탈한다.

어떤 방법을 채택하더라도 모두가 행복해지는 길은 없다. 현실적으로 채택할 수 있는 방법은 과학적으로 공정하게 평가하는 길밖에 없다.

또 다른 유형의 불만은 다음과 같이 표현된다.

"내가 지금까지 조직에 기여한 게 얼만데, 나를 안 올려 주다니…"

조직에 대한 기여도는 분명 인사결정에서 중요하게 고려되어야 하는 요소이다. 지금까지 조직에 공헌했던 사람이 위로 올라가는 것은 감정적으로도 받아들일 만하고, 이론적으로도 타당하다. 다만 과거의 공헌이 인사결정의 전부가 될 수는 없다.

과거 측면	미래 측면
과거의 업적, 기여도, 업무 성과	상위직급 수행의 potential

현재의 사회에서 과거 측면만 100% 반영하고, 미래 측면은 전혀 고려하지 않은 채로 승진결정을 하는 조직은 거의 없다. 이런 방식은 조직을 매우 비효율적으로 만든다는 점이 입증되었기 때문이다. 인사정책의 이론적 관점에서 보았을 때, 과거만을 반영한 승진결정은 조직의

활력을 없애는 조치이다. 사람들은 열심히 일할 동기를 잃는다. 영리기업이라면 망하고, 공공기관이라면 국민에게 미움받는 기관이 된다.

역량평가의 타당성에 대한 의구심도 거부감을 일으키는 요소이다. 주위를 살펴보면 역량평가를 통과했는데 누가 봐도 도저히 사무관으로서 역량을 갖추었다고 보기 어려운 엉망진창 상사가 꼭 한 명씩 존재한다. 왜 이러한 오류가 존재할 수밖에 없는지 통계적인 개념을 통해 살펴보자.

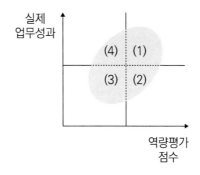

(1) 붙어야 하는 사람이 붙는 경우
(2) 떨어져야 하는 사람이 붙는 경우 → 오류
(3) 떨어져야 하는 사람이 떨어진 경우
(4) 붙어야 하는 사람이 떨어진 경우 → 오류

위의 엉망진창 상사는 (2)의 경우에 해당한다.

"떨어져야 하는 사람이 붙다니, 역량평가가 잘못된 게 아닌가?"

그런데, 어떤 평가방식을 사용하더라도 (2)와 (4)의 오류는 발생한다. 오차가 전혀 없이 붙어야 하는 사람은 100% 붙고, 떨어져야 하는 사람은 100% 떨어지는 평가방식은, 아직 인류가 찾아내지 못했다. 현재 인류가 가지고 있는 기술력으로 할 수 있는 조치는 (2)와 (4)의 오류를 최소화하는 것이 최선이다.

역량평가는 지금까지 알려진 측정방법 중에 정확도가 상위권에 속하는 방법이다. 연구에 따라 조금씩 결과의 차이는 있지만, 대체로 역량평가와 대등하거나 더 높은 수준의 정확도를 보이는 방법은 Work Sample실제 해당 직위의 업무를 일정 기간, 하나의 프로젝트 단위 등으로 직접 시켜 보는 측정방법뿐이다.

즉, 역량평가는 지금까지 알려진 측정방법 중에 (2)와 (4)의 오류가 적은 측정방법에 속한다.

측정방법	측정의 정확도
역량평가(Assessment Center)	상위권
Work Sample	
행동사건인터뷰(Behavioral Event Interview)	
적성검사	중위권
직무지식검사	
평판 조회(Reference Check)	
전통적 인터뷰(면접)	하위권

그렇다고 하더라도, 떨어져야 하는 사람이 붙는 경우, 사람들에게 미치는 피해가 너무 심각하다는 이유로 역량평가의 타당성에 의구심을 갖는 경우도 있다.

"그런데 (2)영역에 있는 엉망진창 상사가 너무 심각해요."

엉망진창 상사가 심각한 정도는 (2)영역 넓이에 영향을 미치지 않는

다. 얼마나 심각하냐 여부와는 상관없이 n=1일 뿐이다. 오류 때문에 역량평가의 타당성을 기각하려면,

  - 엉망진창 상사의 정도가 심각해야 하는 것이 아니라,
  - 엉망진창 상사의 n수가 많아야 한다.

분명한 것은 (1)영역 넓이는 (2)영역보다 넓다는 것이다. 아무리 오류가 존재한다고 하더라도 될 사람이 되는 경우가 훨씬 많다. 또 다른 가능성으로, 실제로 엉망진창 상사는 사무관 역량을 보유하고 있지만, 알 수 없는 어떠한 이유로 현재 위치에서 역량을 발현할 생각이 전혀 없는 것일 수도 있다.

"왜 이런 걸 만들어서 사람 힘들게 하나?"

이런 생각을 반복적으로 하게 되면, 더 힘들고, 결과도 더 나쁘게 나온다. 일단 하겠다고 결정했다면, 역량평가 자체를 거부하는 것보다는 수용하는 편이, 내 마음도 더 편하고 결과도 더 잘 나온다. 승진을 하느냐 마느냐는 제쳐 놓고 생각하더라도, 역량이 향상되어 일을 잘하게 된다면 그 자체로 좋은 것 아닌가?

역량평가 제도의 도입 취지

역량평가는 2006년 고위공무원단 제도를 시행하면서 처음 도입된 이래로, 공무원임용령의 개정을 통해 공공기관 승진 평가로 자리 잡았다.

공무원임용령 제10조의3(역량평가의 실시 및 활용)
① 소속 장관은 소속 공무원이 직무를 성공적으로 수행하기 위하여 필요한 능력과 자질(이하 "역량"이라 한다)을 설정하고 이를 기준으로 소속 공무원을 평가(이하 "역량평가"라 한다)하여 승진임용·보직관리 등 인사관리에 활용할 수 있다. 다만, 제2조제3호가목에 따른 기관의 과장 및 이에 상당하는 보조·보좌기관(3급 또는 4급에 해당하는 직위를 말하며, 이하 "과장급 직위"라 한다)은 역량평가를 통과한 사람으로 임용하여야 한다.

쉽게 말해, 중앙부서 과장급서기관급 이상 직위 승진에서 역량평가 실시는 법적인 의무이다. 5급 사무관은 의무로 명시되어 있지는 않지만, 시행을 확산하는 것이 정책 방향이고, 실제로 확산되고 있는 것이 현재의 추세이다. 2015년에는 지방공무원임용령에도 권고조항이 신설되었다.

지방공무원임용령 제8조의5(역량평가의 실시 및 활용)
① 지방자치단체의 장은 소속 공무원이 직무를 성공적으로 수행하기 위하여 필요한 능력과 자질(이하 "역량"이라 한다)을 설정하고 이를 기준으로 소속 공무원을 평가(이하 "역량평가"라 한다)하여 승진임용 · 보직관리 등 인사관리에 활용할 수 있다.
② 교육부장관 또는 행정안전부장관은 역량의 설정, 역량평가 기법의 개발, 역량평가자 및 역량평가대상자에 대한 교육훈련 등 필요한 사항을 지원할 수 있다.
③ 지방자치단체의 장은 역량평가의 실시를 교육부장관 또는 행정안전부장관에게

위탁할 수 있다.

④ 제1항 및 제2항에 따른 역량평가의 실시, 지원 등에 필요한 사항은 교육부장관 또는 행정안전부장관이 정한다.

영리기업의 경우, 1980년대 POSCO그룹과 KT&G를 시작으로 역량평가가 국내에 소개되었다. 2000년대는 SK그룹, KT, LG그룹 등이 임원승진과 팀장승진에 역량평가를 도입하면서 본격적으로 활용되기 시작하였으며, 2010년대에는 삼성그룹, 현대자동차그룹, 한화그룹 등 다수의 대기업이 역량평가를 도입하면서 시행이 확산되고 있는 추세이다.

세계적인 추세도 마찬가지이다. 역량평가는 Assessment Center평가센터라는 영어 단어를 의역한 것이다. 즉, 공공기관이든 영리기업이든, 국내든 해외든 역량평가의 시행은 확산되고 있는 추세이다. "유별나게 우리 조직에서만 하고 있는 것 아니야?"라고 생각한다면, 실제로는 그렇지 않은 것이 현황이다.

그렇다면 역량평가라는 제도를 도입한 취지는 무엇일까? 공공기관의 경우, 역량평가 이전에 존재했던 사무관 승진 평가방식은 대체로 (1) 연공서열제, 또는 (2) 직무지식평가였다. (1) 연공서열제는 능력있는 사람이 위로 올라갈 수 있는 기회를 박탈하는 인사정책으로써 그 한계점이 매우 명확하다. (2) 직무지식평가는 쉽게 말해, 4지 선다형 암기형 지식평가이다.

4지 선다형 시험에서 주로 측정하게 되는 것은 암기력이다. 그렇다면 암기력은 실제로 일을 잘하는 능력에 영향을 미칠까? 20세기까지는 암기력이 일 잘하는 능력에 영향을 미쳤다. 웬만한 문서는 모두 전자화되어 있는 21세기 현재 시점에서, 암기력을 일 잘하는 능력에 영향을 미치지 않는다.

20세기까지는 일이 있을 때마다 두꺼운 책, 매뉴얼, 법령을 들춰 보는 데 시간이 오래 걸렸기 때문에, 주요한 직무지식을 암기하고 있는 것은 실제로 일의 효율성에 영향을 미쳤다. 현재는 어떤가? 국가법령 정보센터에 들어가 보면, 법령은 물론이고 시행규칙까지 모두 전자문서화되어 있다. Ctrl+F를 누르면 기다란 법령을 처음부터 끝까지 읽어볼 필요 없이, 키워드 검색을 할 수 있다. 어떤 회사라도 전자화된 문서 데이터베이스를 가지고 있는 것이 매우 보편적이며, 세상의 어떤 주제에 관해서건 인터넷에 자료가 넘쳐난다. 무언가를 암기하지 못해서 성과가 안 나오는 경우는 사실상 없다.

역량평가 제도의 도입 취지는 이러한 시대상의 변화와도 맞물려 있다. 어차피 사무관 TO는 적고 승진후보자는 많다면, 그 관문을 통과하는 과정에서 생고생을 피할 도리가 없다. 어차피 생고생할 거, 실제 인생에 좀 도움이 되는 평가를 하자는 것이 도입 취지 중 하나이다. 4지선다형 암기형 지식평가로 승진자를 선발하더라도 생고생은 못 피한다. 그런데 투입한 생고생에 비해 실제 인생에, 일 잘하는 데 도움이 안 된다면, 승진후보자 입장에서도 조직 인사정책의 관점에서도 너무 허무하지 않은가?

이에 비해 역량평가에서 측정하고자 하는 역량은, 실제 업무세계에서 일을 잘하는 데 도움이 된다. 애초에 일 잘하는 데 도움이 되는 것을 추출해서 역량모델을 만든다. 구조적/논리적 사고, 의미전달이 명확한 글쓰기, 설득력 있는 인간관계 스킬, 꼭 역량평가가 아니더라도 이런 것이 개발되면 내 삶에 좋지 않은가?

"왜 이런 걸 만들어서 사람을 힘들게 하나?"
→ 마음 불편함, 성과 낮음
"이 제도를 어떻게 나의 경력개발에 활용할 수 있을까?"
→ 마음 편함, 성과 높음

역량평가의 본질은 상위 직급 시뮬레이터

역량평가의 본질은 상위 직급 시뮬레이터이다. In-Basket, Role Play 같은 시뮬레이션 과제에 "당신은 OOO주무관 입니다"가 아니라 "당신은 OOO사무관 입니다"라고 상황 값이 주어지는 이유는 바로 이 때문이다. 즉, 실제 사무관이 되어서 맞닥뜨릴 수 있는 상황을 시뮬레이션함으로써, 실제로 이 사람이 사무관이 되면 어떻게 문제해결을 할 것인지 예측하는 것이 목적이다.

사실 이 사람이 사무관으로서 잘할 수 있을지, 가장 정확하게 측정하는 방법은 실제로 사무관을 시켜 보는 것이다. Work Sample은 실제해당 직위의 업무를 일정 기간, 하나의 프로젝트 단위 등으로 직접 시켜 보는 측정방법이다. 그런데 Work Sample은 사회적 비용이 너무 비싸다. 일정한 단위로 상위직급 업무를 시켜 보았는데 잘 안 되었다면, "아무래도 안 되겠네, 다시 내려와" 했을 때 저항은 매우 크게 나타날수밖에 없다.

측정방법	측정의 정확도
역량평가(Assessment Center)	상위권
Work Sample	
행동사건인터뷰(Behavioral Event Interview)	
적성검사	중위권
직무지식검사	
평판 조회(Reference Check)	
전통적 인터뷰(면접)	하위권

역량평가가 다른 승진시험보다 정확한 이유는 생각하기 싫어함, 애매한 글쓰기 표현, 떠넘기기, 고압적인 태도 등과 같은 평소 업무습관이 그대로 드러난다는 점에 있다. 굳이 직접 시켜 보지 않아도, 짧은 시뮬레이션을 통해 그 사람의 행동패턴을 파악할 수 있다. 위와 같은 행동패턴은 분명히 실제 업무세계에서의 성과에 큰 영향을 미친다. 그런데 4지 선다형 암기형 지식평가와 같은 방법론으로는 그 사람의 행동패턴을 절대로 파악할 수 없다. 전통적 인터뷰면접도 동일한 한계점을 가진다.

면접 질문	사무관이 되면 어떻게 하시겠습니까?
대답	생각하기 싫어함, 애매한 글쓰기 표현, 떠넘기기, 고압적인 태도를 계속하겠습니다!!!

세상에 이렇게 대답을 하는 사람은 없다. "어떻게 하시겠습니까?"와 같은 전통적 면접 질문은 측정방법으로서 가치가 없다.

시뮬레이션 과제에서 주어지는 상황이 우리 부 업무와 다르기 때문에, 정확한 측정방법은 아니지 않느냐는 의구심도 있다.

"실제로 우리 부가 하지 않는 업무로 시뮬레이션하는 것을
업무역량이라고 볼 수 있습니까?"

실제 업무	노동 및 고용 정책에 관한 업무, 예) 고용노동부
시뮬레이션	문화 및 관광 정책에 관한 업무, 예) 문화체육관광부

예를 들어, 고용노동부 사무관을 뽑으려면 노동 정책에 관한 업무를 시뮬레이션으로 해야 하지 않느냐는 의문이다. 그런데 역량평가는 측

정방법이기도 하지만, 시험이기도 하다. 시험은 누구나 결과를 승복할 수 있도록 공정해야 한다. 고용노동부 사무관을 뽑는 데 있어서 노동 정책에 관한 업무를 시뮬레이션하면, 부서 간 업무 경험에 따라 유불리가 갈리기 때문에 공정성을 지키는 것은 기술적으로 불가능하게 된다. 이에 반해, 타부처 업무로 시뮬레이션을 하더라도 보편적 행동패턴인 '역량'을 측정하는 것은 가능하다. 이와 같은 기술적인 이유 때문에, 실제 우리 부가 하는 업무를 콘텐츠로 하여 시뮬레이션 과제를 만드는 기관은 거의 없다. 공정성의 이슈 때문에, 다른 기관 업무를 콘텐츠로 하여 시뮬레이션하는 것이 보편적이다.

시뮬레이션에서 주어지는 위기 상황이 평소 업무와 비교하면 너무 극적이기 때문에, 정확한 측정방법은 아니지 않느냐는 의구심도 있다.

> "실제 사무관이 되어도, In-Basket, Role Play에서 나오는 것
> 같은 위기 상황은 거의 없습니다."

역량은 평화로운 상황보다 위기 상황에서 극적으로 드러난다. 위기 상황은 거의 없는 것이지, 전혀 없는 것은 아니다. 즉, 위기 상황은 엄연히 존재한다.

평화로운 상황	평화로운 상황	평화로운 상황	평화로운 상황	평화로운 상황	평화로운 상황	**위기 상황**	평화로운 상황	평화로운 상황	평화로운 상황

열에 아홉은 평화로운 상황이라도 하더라도, 단 한번의 예외 위기 상황에 리더가 어떻게 대응하는지는 조직에 매우 큰 영향을 미친다. 평화로운 상황의 결과는 리더의 역량이 있든 없든 크게 차이가 나지 않는다. 이에 반해, 위기 상황의 결과는 리더의 역량이 있느냐 없느냐의 여부에 따라 크게 차이가 난다. 그러므로 리더를 선발함에 있어서

평화로운 상황에 어떻게 대응하는지는 굳이 측정할 필요가 없다. 위기 상황 대응이 조직에 있어서는 매우 중요하기 때문에, 리더를 선발할 때는 위기 상황을 시뮬레이션하는 것이 이론적으로도 실제적으로도 타당하다.

나는 어떤 리더가 되고 싶은가?

역량평가라는 제도는 승진을 결정한다. 사무관 역량평가의 경우 주무관이었다가 역량평가에 합격하면 사무관이 된다. 사무관이 된다는 것은 개인의 삶에 있어서 상당히 큰 변화이다. 조직에서 기대하는 역할과 책임도 현저히 달라진다. 그리고 사무관 역량모델의 상당 부분은 리더역할을 표상하고 있다.

"어떻게 하면 합격할까?"라고 생각하는 것은 당연하고 자연스러운일이다. 그런데 여기서 한 걸음 더 나아가서 "나는 어떤 리더가 되고싶은가?"라고 생각해 보는 작업은 놀랍게도 실제 평가점수를 더 잘 받는 데 직접적인 영향을 미친다. 본 장의 서두에서 이미 언급했던 것과같이, 동기motivation와 성과performance는 매우 깊은 관련성을 가지고 있다. "동기는 당연히 100%로 유지할 수 있다"라고 생각한다면, 인간의심리기제를 제대로 이해하지 못한 무모한 자신감이다.

역량평가를 응시하게 되었다는 것은 열심히 직장생활을 해 왔다는방증이다. 열심히 안 살았다면 승진후보자 pool에 들어갈 수가 없기때문이다. 그런데 열심히 살다 보면, 나도 모르는 여러 가지 심리적 문제가 생기기 마련이다. 자동차를 예로 들어 비유해 보자. 자동차도10,000㎞ 정도 주행하면 정기점검을 해 줘야 한다. 마모된 부품도 갈아주고, 엔진오일도 갈아 줘야 한다. 바빠서 정기점검을 못하더라도 엑셀을 밟으면 자동차는 가긴 간다. 엔진이 손상될 뿐이다.

마찬가지로 열심히 직장생활을 하면서 나 자신을 점검하지 않고 달리다 보면, 마음의 응어리나 상처가 생길 수도 있고, 해로운 습관이 생길 수도 있다. 바빠서 나 자신을 점검하지 못하더라도 급한 일이 쏟아지면 야근부터 하기 마련이다. 어찌 되었든 일은 굴러간다.

내 마음이 손상될 뿐이다.

"왜 이런 걸 만들어서 사람을 힘들게 하나?" 되뇌는 것보다는, "이 제도를 어떻게 이해해서 내 경력개발에 활용할 수 있을까?"라는 방향으로 접근태도를 바꾸는 편이, 준비과정에서 덜 괴롭고, 점수도 더 잘 나온다. 왜 붙어야 하는지? 사무관이 되어서 뭘 하고 싶은지? 이런 건 단 한 번도 생각해 보지 않았고, 좌우지간 시험이니까 떨어져서는 안 된다고만 나 자신을 압박하고 있었다면, 잠깐 멈춰서 생각해 보자.

"나는 어떤 리더가 되고 싶은가?"

조금 더 세부적으로 들어가서, 다음과 같은 점에 대해 생각해 보는 것도 의미가 있다.
- 나도 몰랐던 해로운 습관은 없는가?
- 나의 역량은 어떤 수준인가?
- 리더로서 역할을 수행하기 위해서는 어떤 개발이 필요한가?

군이 역량평가가 아니더라도, 직급이 올라가면 새로운 도전이 생기기 마련이다. 계장 또는 팀장과 같은 현재의 직급을 처음 맡게 되었을 때, 아무 문제 없이 모든 것이 순조롭기만 하였는가? 역량평가 준비과정에서 막혔던 포인트를 해결하지 않고, 운 좋게 사무관이 되어 버리기라도 하면, 준비과정하고는 비교가 안 되는 피눈물 나는 고난이 기다리고 있을 것이다.
- 역량평가 준비: 너무 어려워요, 못하겠어요. ㅠㅠ
- 실제 사무관이 되었을 때 부족한 역량 메우기: 그건 그때 가서 어떻게든 할 수 있을 겁니다!!!

말도 안 되는 소리다. 현실은 시뮬레이션보다 참혹하고 잔인하기 마련이다. 위와 같은 태도는 다음 그래프에서 (2)영역의 오차가 되겠다는 의미이다.

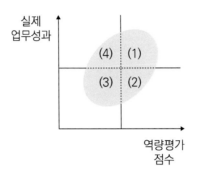

사무관으로서 갖춰야 할 역량을 갖추지 못한 채 올라가면 이런 일이 일어난다.

"(쑥덕쑥덕) 저분은 사무관인데 왜 저래?"
"사무관씩이나 되어서, 문서를 이따위로 밖에 못 쓰나?"

누구나 살면서 "대체 왜 저런 사람이 저 자리에 올라가 있지?" 의구심이 드는 상사를 만나게 된다. 내가 그러한 의구심의 대상이 된다고 생각하면 어떤가? 사무관이라는 직급에 맞춰 사람들은 많은 것을 당연시한다. "사무관인데, OOO 정도는 알아서 하겠지"라는 기대와 다르면, 사람들은 욕을 한다. 이러한 기대는 다음과 같은 형태로도 표현된다. "답이 없어 보이는 문제에 대해 윗분들이 알아서 하겠지."

역량평가 대비에 필요한 변화는 거부하면서, 실제 사무관이 되었을 때 맞닥뜨릴 도전은 적극적으로 대응할 것이라는 상상은 현실적이지 않다. (2)영역이 되어 버렸을 때 느끼게 될 고통은, 경험해 보지 못했기 때문에 과소평가하는 경향이 있다. 한번 상상해 보자. "대체 왜 저런 사람이 저 자리에 올라가 있지?"라는 의구심을 받는 상사는, 지금 너무 평화롭고 행복하고 자신감이 넘칠까? 너무 두렵고 괴롭고 막막할까?

> "나는 사무관으로서 갖춰야 할 것을 이미 다 갖추었고,
> 내일이라도 시켜만 준다면 탁월한 업무성과를 낼 수 있다."

이렇게 생각한다면, '자기객관화'를 제대로 하고 있는 것인지 점검해 볼 필요가 있다. 회사 동료, 상사, 부하직원은 전혀 다르게 생각하고 있을 수 있다. 누구에게나 보완해야 할 점, 더 개발할 포인트는 있다. 위와 같은 자기객관화 실패는 대체로 자기의 장점이 사무관으로서 갖추어야 할 전부라고 착각할 때 일어난다.

역량모델 예시 〈OO부 사무관 역량모델〉

① 문제인식, ② 전략적 사고, ③ 성과관리, ④ 실행력, ⑤ 의사소통, ⑥ 관계구축

예를 들어, ⑤ 의사소통, ⑥ 관계구축에 장점이 있는 사람이, 리더로서 갖추어야 할 모든 것은 "관계"라고 착각하는 경우를 들 수 있다. ⑤ 의사소통, ⑥ 관계구축만 잘해서는 좋은 리더가 될 수 없다. ① 문제인식, ② 전략적 사고, ③ 성과관리, ④ 실행력 또한 리더로서 분명히 갖춰야 할 덕목이다.

> "내 장점만 잘 살려도, 좋은 리더가 될 수 있는 것 아닙니까?"

이러한 생각도 현실적이지 않다. 조직은 다양한 유형의 구성원을 필요로 하며, 각각의 구성원은 자신만의 색채를 바탕으로 조직성과에 기여할 수 있는 것은 사실이다. 리더십을 유형별로 나누어 볼 때, Thinking 영역이 발달한 리더를 지장智將, Working 영역이 발달한 리더를 용장勇將,

Relation 영역이 발달한 리더를 덕장德將이라고 흔히 일컫는다. 그런데, 특정한 영역에 심각한 약점을 가지고 있는 사람은 온전한 리더로서 기능하기 어렵다.

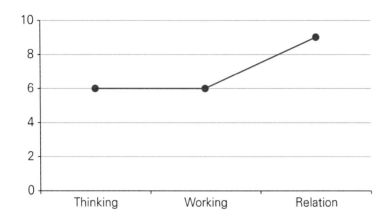

이러한 사람은 자신만의 색채를 바탕으로 덕장德將의 역할을 할 수 있다.

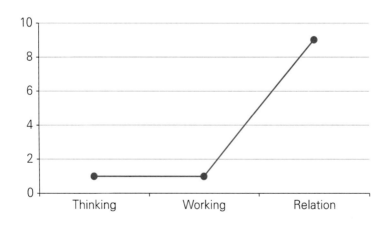

이러한 사람은 덕장德將이 절대 못 된다. 우리 머릿속에 떠오르는 덕

장은 구체적으로 따지고 들어가면 Thinking 영역, Working 영역도 평균 이상은 하는 사람이다.

"역량평가에 웬 리더십 타령이냐,
그럴 시간에 한 문제 더 풀어보는 것이 낫다."

이렇게 생각하고 한 문제를 더 풀어봐야, "생각하기 싫어함, 애매한 글쓰기 표현, 떠넘기기, 고압적인 태도"와 같은 약점 행동패턴은 절대로 바뀌지 않는다. 100개의 문제를 풀더라도 절대 안 바뀐다. 쳇바퀴만 돌 뿐이다.

진짜 변화는 동기가 있을 때에만 가능하다.

그렇기 때문에, 다음의 질문에 대해 생각해 보는 작업은 놀랍게도 실제 평가점수를 더 잘 받는 데 직접적인 영향을 미친다.

"나는 어떤 리더가 되고 싶은가?"

변화는 가능한가?

　역량의 본질과 역량평가의 메커니즘을 이해하고, 이에 따라 역량개발의 필요성까지 받아들였다고 하더라도, 여전히 다음과 같은 의문점이 남을 수 있다.

"역량은 개발할 수 있는가?"

　역량개발은 지금까지 살아왔던 방식으로부터 변화를 필요로 하는 작업이다. 위의 질문을 더 근본적인 차원으로 치환해 보면 다음과 같은 질문이 된다.

"변화는 가능한가?"

　사람은 변화할 수 있을까? 변화할 수 없을까? "사람은 변하지 않는다"라는 관용구는 주로 다음과 같은 상황에 쓰인다.

"내가 생각하기에 쟤는 변해야 해. 그런데 쟤는 절대 변하지 않아."

쟤가 변하려면 쟤가 변하고 싶어야 한다.

　나의 판단, 나의 욕구와 저 사람의 변화 가능성 간에는 상관관계가 없다. "사람은 변하지 않는다"라는 관용구는 본인의 변화 의지와 상관없이, 타인이 변화의 필요성을 판단할 때 주로 쓰이는 말이다. **주변에서 귀에 피날 정도로 잔소리를 하건 말건, 사람은 자기가 변하고 싶을**

때 변한다. 바꿔 말하면, 자기가 변하고 싶을 때 변화할 수 있다는 것이다. 인간의 변화가 절대 불가능한 것이라면, 나의 성격, 가치관, 행동패턴은 태어났을 때와 지금이 똑같아야 한다. 새로운 직위, 근무지, 프로젝트, 기획에 맞닥뜨렸을 때, 아무 문제 없이 평화롭기만 했었는가?

현재의 나는 이미 변화와 적응의 산물이다.

변화는 과거에 이미 있었다. 현재 내가 변화할지 말지는 현재의 선택이다. "나는 원래 그래"라는 말의 숨은 뜻을 풀어 보면 "나는 지금 내 모습에 만족하고, 변화를 요구하는 세상의 압력은 부당하다. 나는 변화를 거부한다"라는 의미를 갖는다.

"나는 태어났을 때와 지금을 비교하더라도, 성격, 가치관, 행동패턴에 달라진 게 거의 없어"라는 생각이 든다면, 외부의 압력이 거의 없는 인생을 살아왔던 것이다. 평생 아무 문제 없이 평화롭기만 했다면, 이제 온실 속의 화초로 살아온 당신의 업보가 당신의 발목을 잡을 차례이다. 외부 압력이 없는 인생은 존재할 수가 없다. 그것보다는 외부 압력을 누군가 대신 처리해 주었다고 해석하는 편이 훨씬 자연스럽다.

변화가 가능하다고 하더라도, 다음과 같은 의문점이 남을 수 있다.

"(역량평가 볼 때까지 얼마 안 남았는데)
짧은 기간 내에도 변화가 가능한가?"

결론부터 제시하면, 비교적 짧은 기간 내에도 변화는 가능하다. 어차피 변화라는 것은 지나치게 충분한 시간이 주어진다고 가능한 것도 아니다. 인간은 10년의 여유시간이 주어진다고 변화하지 않는다. 보통 시간여유가 10년이면, 아무것도 안 하기 마련이다.

보편적으로 변화는 비교적 단기간에 심리적 에너지를 집중적으로 쏟아부음으로써 이루어진다. "읽기, 생각하기, 쓰기, 말하기"와 같은 기본기가 심각하게 결여된 상태가 아니라면, 몇 개월 정도로 충분하다. 그 이상의 기간을 잡아봐야 효율성은 늘지 않는다.

"생각하는 것을 세상에서 제일 싫어한다", "살면서 책 한 권 읽어 본 적이 없다"와 같은 심각한 기본기 결여의 상태라면, 몇 개월 만에는 불가능하며, 장기간에 걸친 집중적인 노력이 필요하다.

기본기 부족의 전형적인 징후들	
읽기	생각하기
• 읽는 속도가 느림 • 읽어도 핵심을 파악하지 못함	• 생각하기에 게으름, 생각하기 싫어함 • 주어진 정보에 대한 궁금증이 없음 • 뭘 봐도 "아, 그렇구나" 그냥 받아들임 • Ctrl+C, Ctrl+V, 복붙 사랑(복사해서 붙여 넣기)
쓰기	말하기
• 내 생각을 글로 풀어내기 어려움 • 내가 쓴 글을 여러 사람이 보았을 때, 모두 다르게 해석함	• 논리적으로 설명하기 어려움 • 말을 할 때, 논리의 비약이 자주 나타남

주변 사례들을 관찰해 보면 알 수 있지만, 생각하기 싫어하는 사람이 역량평가를 통과하는 경우는 거의 없다. "읽기, 생각하기, 쓰기, 말하기"와 같은 기본기는 평소 업무생활에 필요한 것들이다. 기본기 없이 오랜 기간 동안 살아왔다면, 이것을 만회하지 않고서는 역량평가라는 관문을 통과할 수가 없다. 이제 생각하기 싫어했던 당신의 업보가 당신의 발목을 잡을 차례이다.

"기획안의 앞뒤 맥락과 내용이 어찌 되었건 전혀 상관없이 세부추진계획에는 MOU, 교육, 홍보, TFT, 협의체, 지원금, 보조금, 인식개선을 제시하면 된다"와 같은 잘못 알려진 만능공식을 익힌다고 하더라도 기본기는 조금도 절대로 늘지 않는다.

역량평가의 본질
The essence of Assessment Center

04

기본기의
중요성

CHAPTER 04

기본기의
중요성

역량평가를 잘 보기 위해 필요한 기본기로는 무엇이 있을까? "읽기, 생각하기, 쓰기, 말하기"와 같은 것이다. 현실 업무세계에서 일을 잘하기 위해 필요한 기본기와 다르지 않다. 그럴 수밖에 없는 것이, 역량평가는 현실을 모사한 것이기 때문이다. 모든 인간은 "읽기, 생각하기, 쓰기, 말하기"를 역량평가 이전의 인생에서도 하면서 살아온다. 역량평가 준비 과정에서 연습을 아무리 열심히 한다고 해도, 인생 전체와 비교해 보면 짧은 기간이다.

예를 들어, 역량평가 준비 과정에서 "쓰기" 연습을 아무리 많이 한다고 하더라도, 인생 전체에 있었던 "쓰기"와 비교해 보면 미미한 양에 불과하다. 인생 전체에서 "생각하기"를 싫어하면서 살아왔다면, 역량평가 준비과정만으로 그것을 만회하기 위해서는 엄청난 노력이 필요하다. 인생 전체에서 "생각하기"를 좋아하면서 살아온 사람은 엄연히 존재하며, 역량평가에서는 그들과 경합해야 한다. 반대로 평소 업무생활에서 "생각하기"에 게으르지 않았고, "쓰기"에 공을 들여왔다면, 역량평가라는 관문에서 압도적으로 유리한 위치를 차지할 수 있다.

역량평가에서 기본기는 매우 중요하며, 핵심적인 역할을 한다. 기본기에 자신이 없는 사람일수록 잘못 알려진 만능공식예: 기획안의 앞뒤 맥락과 내용이 어찌 되었건 전혀 상관없이, 세부추진계획에는 MOU, 교육, 홍보, TFT, 협의체, 지원금, 보조금, 인식개선을 제시하면 된다에 목숨을 거는 경향이 나타나는데, 이러한 행동에는 다음과 같은 생각이 깔려 있다.

"인제 와서 기본기를 만회하기에는 너무 늦은 것 같다."

기본기 부족은 만능공식 따위로 메워지는 것이 아니다.

우회할 방법은 없다.

느리더라도 정석으로 가는 길밖에 없다. 이번만 대충 수습하려는 만능공식 남용은, 도저히 헤어 나올 수 없는 더 깊은 무덤을 파게 만든다. 이번 장에서는 기본기의 구성요소로 어떤 것이 있는지, 이제 와서라도 만회하기 위해서는 실질적으로 무엇을 해야 하는지를 살펴볼 것이다.

잘못 알려진 만능공식의 리스크

잘못 알려진 만능공식의 전형적인 예를 들어보자.

숨은 전제	(기획안의 앞뒤 맥락과 내용이 어찌 되었건 전혀 상관없이)
공식	세부추진계획에는 MOU, 교육, 홍보, TFT, 협의체, 지원금, 보조금, 인식개선 을 제시하면 된다

숨은 전제가 잘못되었다. MOU는 MOU를 할 만한 이유가 있을 때 하는 것이다. "OOO을 하면 합격한다", "OOO을 하면 탈락한다"와 같이 앞뒤 다 잘라먹고 특정한 행동만 부적처럼 강조하는 "카더라"도 이와 똑같이 잘못된 전제를 공유하고 있다.

상황에 맞아야 Action Plan이다. 상황에 안 맞는 것은 Action Plan이 아니다. 확률적인 관점에서 상식적으로 생각해 볼 때, 현황을 보지도 않고 미리 설정해 놓은 세부추진계획이 현황과 잘 어우러질 가능성이 없다. 만능공식에 따라, 앞뒤 맥락 없이 MOU를 세부추진계획으로 기록했는데, 인터뷰에서 다음과 같은 평가위원 질문이 주어지는 상황을 생각해 보자.

"여기서 MOU는 누가/누구와/어떤 목적으로/
어떤 내용으로/어떻게 하는 것입니까?"

이런 평가위원 질문이 들어오면 그때부터 멘붕이다. 평가위원으로서는 저렇게 붕 뜬 내용에 대해서는 질문을 하지 않을 수가 없다. 읽는 사람 입장이 되어서 저렇게 붕 뜬 내용을 보면 엄청 이상하다. 의구심이 막 생겨서 질문하지 않을 수 없다. 위에서는 역량평가 인터뷰에서 일어날 수 있는 상황을 예로 들었다. 같은 내용을 평소의 업무로 장면으로 바꿔서 생각해 보자.

상사	"OOO보고서 올려놓은 거 보았는데, 여기서 MOU는 누가/누구와/어떤 목적으로/어떤 내용으로/어떻게 하는 거지? 문서만 읽어서는 잘 이해가 안 되는데?"
나	

이런 상황이라면 나는 뭐라고 할 것인가? 그전에 상사에게 보고할 OOO보고서에, 묻지도 따지지도 않고 세부추진계획으로 MOU를 넣는 행동을 현실이라면 과연 할까? 현실의 업무세계에서 MOU를 할 만한 이유가 없는데 MOU를 하면, 작게는 상사가 화를 낸다. "기획을 이렇게 생각 없이 하다니, 지금 나 놀리는 거지?" 크게는 국민들이 욕을 한다. "저 부처는 세금 가지고 돈잔치 하는구나."

평소에 생각하기를 싫어하는 사람일수록, 다음과 같은 맹신적 사고 패턴을 선호하는 경향이 나타난다.

"내가 모르는 만능공식이 있다. 만능공식만 알면 문제는 해결된다."

앞서 예를 든 것과 같이, 만능공식은 문제를 해결해 주지 않는다. 오히려 도저히 헤어 나올 수 없는 더 깊은 무덤을 만든다.

"역량평가에서는 시간이 너무 없기 때문에,
깊게 생각하고 싶어도 깊게 생각할 수가 없습니다.

뭐라도 쓰기 위해서는 만능공식을 쓸 수밖에 없습니다."

이러한 주장도 "생각하지 않음"을 정당화하는 흔한 변명 중 하나이다. 깊게 생각하지 않는 행동패턴을 가진 사람은, 시간이 있거나 없거나 여부와 상관없이 깊게 생각하지 않는다. 즉, 평소에도 깊게 생각하지 않고 살아왔기 때문에, 역량평가에서 평소에 안 하던 깊게 생각하기가 갑자기 튀어나올 리가 없다. 시간이 충분히 주어지면 깊게 생각할 것이라는 변명은 사실과 다른 착각이다.

잘못 알려진 만능공식의 폐해를 더 직접적으로 보여 주는 예도 있다. 평소에 일 잘한다고 주변으로부터 인정받는데, 이상하게 역량평가를 여러 번 보면 볼수록 점수가 점점 떨어지는 패턴을 보이는 사람이 있다. 이러한 현상은 회차를 거듭할수록 점점 더 많은 만능공식을 적용하고 있기 때문일 가능성이 높다.

"역량평가에서는 AAA 해야 해"
"역량평가에서는 BBB 해야 해"
"역량평가에서는 CCC 해야 해"
"역량평가에서는 …… 해야 해"

고정관념이 늘어날수록 점점 더 역량발휘가 안 된다.

시뮬레이션은 현실과 다르지 않다.

"역량평가에서는 AAA 해야 해", "역량평가에서는 BBB 해야 해"와 같은 모든 고정관념은 다음과 같은 생각으로부터 비롯된다.

"역량평가와 실제 세계는 전혀 상관없는 별개의 것이다."

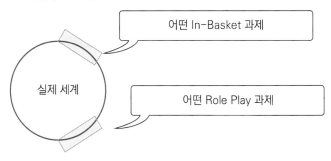

모든 시뮬레이션은 현실을 본뜬 것이다. 가상의 이야기인 영화, 소설은 현실에서의 인간의 삶을 본떠서 만든다. 역량평가 시뮬레이션은 현실의 업무세계를 본뜬 것이다. 따라서 업무세계에서 일어나는 모든 일은 시뮬레이션이 될 수 있다.

한두 개의 과제만 보고 "In-Basket이란 이런 것이다", "Role Play란 이런 것이다"라고 생각한다면, 과도한 일반화의 오류다. 한 가지 현상만이 아니라, 여러 현상에 보편적으로 적용할 수 있어야 공식이다. 그러므로 공식을 추출하려면 사례를 최소한 100개~10,000개는 넘게 살펴봐야 한다. 그런데 보통 내가 풀었던 In-Basket 한 문제, Role Play 한 문제에 나타난 특정한 패턴을 공식이라고 착각한다.

고정관념 예시 | In-Basket에서는 시간중복 문제에 적절한 위임자를 선정해야 한다.

이런 고정관념을 가지고 있으면, 시간중복이나 위임자 선정의 문제가 아닌 현상도 그렇게 생각하게 된다. 망치를 들면 못밖에 안 보인다. **관념이 인식을 지배하게 된다.** 이런 상태에서는 정형화된 공식에서 조금만 벗어난 문제가 나와도, 대안이 산으로 간다. 그럼에도 불구하고 이렇게 고집할 수도 있다.

> "내가 본 모든 In-Basket에서는 시간중복으로 위임자를
> 선정했어. In-Basket은 위임자 선정이 맞아."

> 당신이 본 In-Basket은 지구 상에 존재하는 In-Basket 과제 중
> 극히 일부분에 불과하다.
> 또한, 모든 In-Basket 과제는 실제 세계의 극히 일부분에 불과하다.

모든 형태의 고정관념은 역량평가가 현실과는 전혀 다른 차원에 있는 별나라의 것이라고 오해하기 때문에 만들어진다. 3장 3절에서도 설명했던 바와 같이 <역량평가의 본질은 상위 직급 시뮬레이터>이다. 우리가 살고 있는 실제 업무세계에서는 정형화된 고정관념과 다른 일이 수도 없이 일어난다. 정형화된 공식을 만들면 만들수록 있는 그대로의 현상을 인식하지 못할 리스크가 상승한다. 인식이 관념의 지배를 받게 되면, 해결할 수 있는 문제도 산으로 간다.

> "아무리 그렇다고 하더라도, 시간 없으니까 어쩔 수 없습니다."

실제 업무세계에서 시간이 없으면, 있는 그대로의 현상을 무시하고 내 고정관념만으로 문제에 접근할 것인가? 시간이 없으면 문제해결을 포기할 것인가? 인사정책 관점에서 보면, 실제 업무세계에서도 그렇게 할 사람이 바로 역량평가에서 걸러 내고자 하는 저성과자이다.

기본기의 구성요소:
읽기, 생각하기, 쓰기, 말하기

앞서 잠깐 소개한 것과 같이 기본기의 구성요소는 그렇게 특별한 것이 아니다. 오히려 상식적으로 당연한 것들이다. 역량평가에만 적용되는 특별한 비법 같은 것은 사실 없다. 여기서 중요한 것은 내가 기본기 부족의 전형적인 징후를 가지고 있느냐 아니냐 여부이다.

기본기 부족의 전형적인 징후들	
읽기	생각하기
• 읽는 속도가 느림 • 읽어도 핵심을 파악하지 못함	• 생각하기에 게으름, 생각하기 싫어함 • 주어진 정보에 대한 궁금증이 없음 • 뭘 봐도 "아, 그렇구나" 그냥 받아들임 • Ctrl+C, Ctrl+V: 복붙 사랑
쓰기	말하기
• 내 생각을 글로 풀어내기 어려움 • 내가 쓴 글을 여러 사람이 보았을 때, 모두 다르게 해석함	• 논리적으로 설명하기 어려움 • 말을 할 때, 논리의 비약이 자주 나타남

(**읽기 차원**) 평생 읽은 것이 별로 없다면, 세상에서 텍스트를 제일 싫어하면서 살아왔다면, 이것은 확실한 페널티가 된다.

(**쓰기 차원**) 역량평가에서는 생각을 글로 풀어내야 하므로, 쓰기의 기본기가 매우 중요하다. 글을 잘 쓰냐/못 쓰냐의 기준은, 내가 쓴 글이 잘 읽히느냐/안 읽히느냐로 분별할 수 있다. 만약 내가 쓴 글을 여러 사람이 보고 서로 다르게 해석하는 일이 자주 있다면, 문제가 있는 것이다.

(**생각하기 차원**) "생각하기 싫어함"이라는 행동특성이 역량평가에서

가장 우선적으로 걸러 내고자 하는 저성과자의 표본이다. 무엇을 읽어도, 무엇을 배워도 "아, 그렇구나. 궁금한 거 없음"과 같은 행동패턴이 전형적이라고 할 수 있다. 평소의 업무생활에서 Ctrl+C, Ctrl+V, 복붙_{복사해서 붙여 넣기}을 사랑하는 것도, 따지고 들어가면 생각하기 싫어하는 행동특성이 발현된 것이다.

(말하기 차원) 말할 때 논리적 비약이 자주 나타나거나, 논리적으로 무엇인가를 설명하는 것을 힘들어하는 것도 기본기 부족의 전형적인 징후이다. 여기서 말하기란 쇼맨십이 아니라 전달력을 의미한다.

그럼 부족한 기본기를 어떻게 향상시킬 수 있을까? 각각의 개인마다 기본기 부족의 양상과 원인이 다르기·때문에, 각각의 개인에게 필요한 조치는 모두 다르다. 섣불리 일반화하기는 어렵다. "비법은 이것입니다, 여러분, 두둥~!"과 같은 수많은 마법이 유혹하지만, 나한테 맞는 방법일지 아닐지는 내가 능동적으로 판단해야 한다. 누군가에게 도움이 되는 방법이 다른 누군가에게는 독이 될 수도 있다. 합격자가 어떤 방법을 썼다고 해서 묻지도 따지지도 않고 수용하면 망하기에 십상이다. 모든 사람에게 가장 보편적으로 적용할 수 있는 가장 확실한 기본기 개발 방법을 "글쓰기"라고 생각한다. "쓰기"와 "생각하기"는 서로 영향을 주고받는 feedback loop의 관계를 가진다.

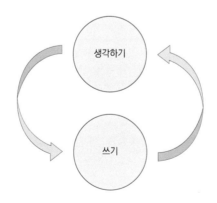

역량평가의 본질

생각은 나한테 유리한 쪽으로 보정효과가 있다. 생각을 글로 옮겨 놓으면, 말도 안 되는 것은 바보 같다는 것이 명확하게 보인다. 따라서 글을 쓰려면 논리적이지 않을 수가 없다. 이에 비해 생각은 보정효과 때문에 대충 뭉뚱그려 놓아도 뭔가 괜찮은 것처럼 느껴진다. 글로 옮겨 놓으면 아무것도 아닌 파편이거나, 터무니없는 것일 때가 많다.

인간의 사유는 글을 통해 발달한다.

그뿐만 아니라 생각의 메모리는 한정적이다. 많은 것을 생각하다 보면, 앞서 생각하던 것은 점점 흐릿해진다. 인간의 뇌가 갖는 메모리가 한정적이기 때문이다. 글 형태로 생각을 꺼내 놓으면, 메모리를 확장해 주는 효과가 생긴다. 컴퓨터에 비유하면, 생각은 RAM이고, 글은 하드디스크이다. 글의 형태로 생각을 확실하게 붙잡아 놓으면, 그 지점에서 논리적으로 가지를 치고 뻗어 나갈 수가 있다. 생각만 할 때와 달리, 논리적으로 딱딱 아귀가 들어맞는다.

구분	단기 기억장치	장기 기억장치
컴퓨터	RAM*	하드디스크
사람	생각	글

* RAM(Random Access Memory): 컴퓨터 프로세서가 빠르게 접근할 수 있도록 하기 위하여, 운영체계, 응용프로그램 그리고 현재 사용 중인 데이터를 유지하고 있는 저장 장소

글을 쓰면 생각이 발달하고, 생각이 발달하면 다시 글쓰기가 발달한다. 좋은 글을 쓰기 위해 노력하다 보면, 읽기는 안 할 수가 없기 때문에 자동으로 하게 된다. 반면 읽기만 하면, 쓰기는 얼마든지 안 할 수 있다. 매일매일 신문사설을 읽고, 자기계발서를 수백 권 읽어도, 글쓰기를 안 했다면 글쓰기는 전혀 안 한 것이다. 말하기도 글쓰기의 연장

선에 있다. 글이 잘 쓰여 있으면, 말도 잘 나온다. 글은 대충 써 놓고 말로 잘 설명하기는 현실에서 구현하기 매우 어렵다. 말을 잘해야 하는 순간이 오면, 우리는 보통 글의 형태로 준비를 한다. 글을 잘 쓰면 생각이 고도화되고, 생각이 고도화되면 말이 잘 나온다. "말하기"를 잘하는 사람은 "생각하기"를 많이, 깊게 하기 때문에 말을 잘할 수 있는 것이다. "생각하기"는 내버려 두고 쇼맨십 같은 스피치 스킬을 익힌다고 말을 잘하게 되지는 않는다.

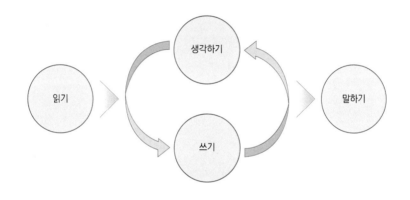

"나는 글쓰기에 재능이 없어."

이렇게 생각한다면 말도 안 되는 변명이다. 문학, 예술이 아닌 글쓰기는 재능이 필요하지 않는 **100% 후천적인 영역이다.** 선천적 재능은 1도 필요하지 않다. 기획서, 설명서, 카탈로그, 제안서, 제안요청서, 백서, 지침서, 사례집, 강의 교재 등등 모두 마찬가지다. **이런 글은 문학이 아니다.** 역량평가에 필요한 글쓰기도 이러한 예시들과 같은 맥락에 있다. 글은 많이 써 본 사람이 잘 쓴다. 많이 읽는다고 쓰는 능력이 개발되지 않는다.

많이 써야 개발된다.

"글 잘 쓰는 마법의 비법", "글 잘 쓰게 해 주는 자기계발서"를 읽을 것이 아니라, **내 손으로 직접 나의 글을 써야 한다.**

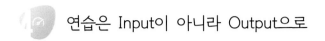

연습은 Input이 아니라 Output으로

토익은 990점을 맞았는데 미국인과 대화하지 못 하는 경우가 있다. 왜 이런 일이 일어날까? 이런 경우가 있는 것은 이상한 일일까? 충분히 있을 수 있는 일일까?

언어의 4측면	Input	Output
구두 의사소통	듣기	말하기
문서 의사소통	읽기	쓰기

대화를 잘하려면 "말하기"를 연습해야 한다. 토익은 부분적으로 듣기도 다루지만 "읽기"에 절대적으로 치중되어 있다.

읽기 연습을 그렇게 열심히 했는데, 왜 말하기가 안될까?

어리석은 질문이다. 말하기 연습을 안 했으니까 말하기가 안 되는 것은 당연하다. 역량평가도 "쓰기", "말하기" 형태의 Output으로 평가된다. Input이 잘되었는지는 결국 Output을 통해 나타난다. 그러므로 연습도 Input이 아니라 Output에 초점이 맞춰 이루어져야 한다.

"읽기" 연습을 엄청 열심히 하면, 결국 "말하기", "쓰기"도 늘겠지?

→ 아니다. "읽기"를 엄청 해도
"말하기", "쓰기"는 전혀 안 늘 수 있다.

역량평가의 본질

읽기 연습에 치중하게 되는 이유는, 읽기가 말하기나 쓰기보다 생각을 덜 해도 되는 더 쉬운 작업이기 때문이다. 역량평가에 대비하는 데 있어서 신문사설이나 보고서를 읽는 작업을 많이 하는데, 이 작업을 추천하지는 않는다. 깊게 생각하는 사고패턴을 본래 가지고 있는 사람만이 신문사설이나 보고서를 읽고 탐색적/과학적 사고를 발동시킨다. 깊게 생각하는 패턴을 안 가지고 있는 사람은 뭘 보더라도 "아 그렇구나, 이제 OOO은 다 알았다. 더 알아보고 싶은 것, 궁금한 점은 전혀 없어~"하고서는 끝내고 만다. 생각하기 싫어하는 사람은 뭘 보더라도 뭘 읽더라도 절대 깊게 생각하지 않는다. 생각하기 싫어하는 사람에게 필요한 것은 **탐색적/과학적 사고를 개발하는 것이다.** 그런데, 생각하기 싫어하는 사람은 텍스트를 아무리 많이 읽어도 결코 탐색적/과학적 사고를 하지 않는다. 아무 생각 없이 무엇인가를 읽고서는 다 알았다는 착각에 빠지는 것은 시간 낭비다.

100개를 읽을 바에야 1개를 써라.

평소 업무생활에 글 쓸 일이 없으면 만들어서라도 써라.
- 부하직원이 올린 보고서 고쳐서 써 보기
- 옛날에 내가 썼던 보고서 "아, 이렇게 썼으면 더 좋았을 텐데"를 반영해서 develop해 보기
- 오늘 역량평가 스터디를 하면서 느낀 점, 더 개발할 점, 앞으로의 전략에 대한 생각 써 보기
- 오늘 역량평가 스터디 Presentation 과제 중 "아, 이렇게 썼으면 더 좋았을 텐데" 생각이 드는 점이 있으면, 생각만 하지 말고 반영해서 develop해 보기

"아, 이렇게 썼으면 더 좋았을 텐데", "이렇게 고쳐 쓰면 더 develop

될 것 같아"라는 생각이 든다면,

> "알았으니까 다음번에 그렇자 하자"라고 생각하지 말고,
> 바로 이번 것을 고쳐 써라.

계속 버전업해서 마음에 드는 문서가 나올 때까지 쓰는 것이 좋다. **버전업 작업이 곧 깊게 생각하기 작업이다.** "이번엔 놓쳤으니까 다음번에는 잘하자" 다짐해 봤자 소용없다. 어차피 다음번에 똑같은 한계점을 똑같이 반복하게 된다.

> 이번에 놓친 것이 있으면 이번 것을 고쳐 써야 한다.

이런 작업을 하다 보면, 읽기를 안 할 수가 없기 때문에 읽기는 자동으로 하게 된다. Presentation 과제에 대한 기획안을 develop하려면, 과제의 내용을 탐색적/과학적으로 읽을 수밖에 없다. "아 그렇구나, 이제 OOO은 다 알았다." 이런 식으로 읽으면 버전업을 못 한다. 이런 상황이 되면 본래 깊게 생각하기 사고패턴을 가지고 있지 않은 사람도 깊게 생각하게 된다.

Role Play의 경우에는 "말하기" 형태로 Output이 출력되어야 한다. "OOO 논점에 대해서는 ~로 합의하도록 유도해야지"라고 생각만 하지 말고, 말하기 형태로 출력해 보는 것이 절대적으로 필요하다. 생각만 한다고 해서 말하기가 늘지 않는다. 삼각대에 핸드폰 카메라를 세워 놓고, 삼각대를 상대방이라고 생각하고 동영상으로 찍어 보는 것이다. 찍은 동영상을 보면 엄청나게 많은 정보를 얻을 수 있다.

- 내 말에 설득력이 있는지 없는지
- 내 말에 논리적 모순은 없는지
- 나의 비언어적 태도는 상대방의 협의를 이끌어 낼 만큼 우호적인지

- 고압적인 태도, 공격적인 태도, 성급한 태도가 나타나지 않는지

체력을 키우고 싶으면 운동을 해야 한다. "체력, 이렇게 하면 좋아진다!"와 같은 책을 읽어 봤자 아무 소용없다. 체력 좋은 사람을 찾아가서 체력이 좋아지는 비법을 들어 봤자 아무 소용없다. "다음부터는 이렇게 운동해야지" 다짐하는 것도 소용없다. 다음이 아니라 바로 지금 운동을 직접 실행하는 것 말고는 방법이 없다. 나 자신의 주체적인 에너지 투입 없이, 먹는 것만으로 체력이 좋아지는 마법의 약 같은 것은 없다. 역량도 마찬가지다. 합격자 비법 같은 것을 알아봤자 소용없다.

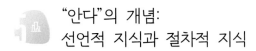

"안다"의 개념:
선언적 지식과 절차적 지식

많은 역량평가 응시자들이 많은 양의 과제를 풀어보는 데 집중한다. 선배한테 부탁해서 동료한테 부탁해서 얻은 복사본 과제를 산더미처럼 쌓아 놓고, "이걸 언제 다 풀지?" 막연해 한다. 많은 경우, 하나의 과제를 풀어 보고서는 "아, 이렇게 썼으면 더 좋았을 텐데"라는 생각이 들어도 "알았으니까 다음번에 그렇자 하자"라고 생각하고서는, 다음번에 똑같은 한계점을 똑같이 반복한다. 아무리 많은 과제를 풀어 봐도 느는 것이 없다는 느낌이 드는 이유는 바로 이 때문이다.

왜 이런 현상이 일어나는지 "안다know"의 개념을 통해 살펴보자. 심리학자 John Anderson은 지식의 종류를 선언적 지식과 절차적 지식으로 구분하여 제시하였다. 선언적 지식declarative knowledge은 무엇이 어떻다는 지식으로서 정적인 형태의 지식이다. 절차적 지식procedural knowledge은 무엇을 어떻게 할 것인가에 관한 동적인 형태의 지식이다.

수영 자유형을 할 때 바람직한 호흡법	**호**흡할 때는 **수**면 밖으로 **머**리를 **조**금만 내밀어야 함

머리로 이해하고 외우면 선언적 지식이다. 실제로 자유형을 할 때 이 동작을 구현할 수 있으면 절차적 지식이다. "호수머조"두문자 암기를 하거나, 본 분장을 100번 필사하면 머리가 조금만 내밀어지는 것이 아니다. 머리를 조금만 내밀어야 하는 것을 몰라서 동작을 구현하지 못하는 것도 아니다. 구현을 못 했으면 절차적 지식은 습득한 것이 아니다. 어차피 다음번에 비슷한 상황이 되면 원래 하던 대로 한다. 그냥 알아봤자 소용없다.

현문해기(현안, 문제점, 해결방안, 기대효과) 이런 거 외워 봤자
아무 쓸모없다.

많은 역량평가 응시자들이 한번 풀어본 과제는 "안다"라고 생각한다.

"정말 알았을까?"

평가위원 인터뷰에서는 평가대상자가 과제의 내용을 얼마나 깊이
있게 이해했는지 확인하기 위해 오만 가지 질문들을 던진다. 즉, 깊이
있게 이해하면 고득점이다. 수박 겉핥기로 얄팍하게 이해하면 저득점
이다. 많은 양의 과제를 풀면, 깊이는 필연적으로 얕아진다. 얕게 파기
100번을 해 봐야 깊게 파는 능력은 안 생긴다. 복사본 과제를 산더미
처럼 쌓아 놓고, 하루에 하나씩 얄팍하게 푸는 것은 여러 차례에 걸쳐
서 실패를 시뮬레이션하는 것이다. 한 번이라도 깊게 파 봐야 깊게 파
는 능력이 개발된다. "아, 이렇게 썼으면 더 좋았을 텐데", "이렇게 고
쳐 쓰면 더 develop될 것 같다"라는 생각이 든다면, 바로 그것을 구현
해 봐야 한다. 구현하지 않는 이상 절차적 지식이 아니다.

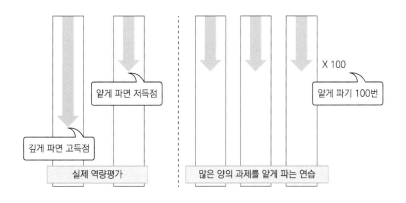

흔히 "안다"와 "모른다"를 all or none의 관계로 생각한다. 실제로 "안다"의 개념은 스펙트럼을 가지고 있는 연속체이다. 역량평가에서 고득점을 하기 위해서는 "깊이 있는 앎"을 구현해야 한다.

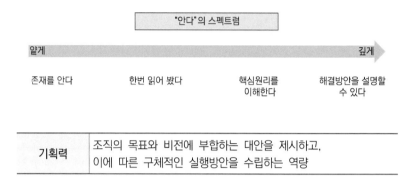

기획력	조직의 목표와 비전에 부합하는 대안을 제시하고, 이에 따른 구체적인 실행방안을 수립하는 역량

보편적인 역량인 '기획력'을 예로 들어 보자. 일할 때 이렇게 해야 한다는 것, 이렇게 하면 좋다는 것, 몰라서 안 하는 사람이 있을까? 기획력이 뭔지 단순히 아는 것은 기획력 역량이 있는 상태가 아니다. 두 문자 암기를 해봐야 기획력은 절대로 조금도 늘지 않는다. 기획력 있게 행동을 할 때 기획력 역량이 향상된다.

흔히 마음이 행동에 영향을 주는 일방향 관계라고 착각한다.

행동도 마음에 영향을 준다. 사실은 양방향 관계이다.

기획력 역량을 높이고 싶으면, 두문자 암기를 할 게 아니라, 기획력 있게 행동을 하면 된다.

평소 업무생활이 곧 기본기 연습

　기본기를 향상하는 방법은 특별한 데 있지 않다. 평소의 업무생활에서 일을 잘하기 위한 모든 행동이 기본기를 향상하는 방법이다. 그럴 수밖에 없는 것이, 역량은 고성과자의 일반화된 행동패턴이기 때문이다. 역량평가는 현실과 동떨어진 별개 차원의 것이라고 생각하기 때문에 수많은 실수들이 나타나고, 쓸모없는 학습방법으로 시간만 낭비한다.

　기본기 부족 때문에 문제가 생기는 전형적인 사례를 예로 들어 보자. 중앙 또는 본부에서 시행안을 만들어서 각각의 시, 도에 뿌린다. 그런데 문서의 내용이 해석하기 나름이다. 구체화되지 않은 부분도 많고, 여러 가지 의미로 해석될 수 있는 여지도 열려 있다. 문서만 보면 뭘 어떻게 하라는 것인지 감이 안 온다. 이런 경우에, 편한 사이면 전화가 와서 무슨 의미인지 물어본다. 불편한 사이면 자기 맘대로 상상해서 집행해 버린다. 나중에 시, 도별로 시행한 모양이 다르면, 그때부터 일이 꼬이고 많은 사람들이 힘들어진다. 최초에 문제는 무엇으로부터 비롯되었을까?

충분히 구체화되지 않은
완성도가 낮은 문서가 뿌려진 것이 원흉이다.

　쉽게 말해, 기본기 연습은 전화가 안 오도록 문서를 쓰는 작업이다. 문서 한바닥만 보면 "아, 이렇게 하라는 거구나" 의구심이 남지 않도록 문서를 쓰는 작업이다. 그러기 위해서는 필요한 작업들은 다음과 같다.

　- 생각을 깊게 하기

- 책임을 회피하지 않기
- 시행안을 구체적으로 만들기
- 오해할 여지가 남지 않도록 문장의 의미를 명확화하기
- 같은 맥락의 다른 업무들과 모순되지 않고 조화를 이루도록 시행안 짜기

역량평가 고득점에 필요한 요소들과 정확하게 일치한다. 평소 일을 잘하는 것으로 여겨지는 사람이 역량평가도 잘 보는 경우가 많은 것은 이 때문이다. "세부추진계획이 있어야 한다"라는 명제는 다음을 의미하지 않는다.

"MOU, 교육, 홍보, TFT, 협의체, 지원금, 보조금, 인식개선을
때려 넣어라."

세부추진계획이 있어야 한다는 명제가 갖는 본연의 의미는 바로 이 것이다.

"누가 봐도 전화가 안 오고 집행이 가능할 정도로
구체적/실천적이어야 한다."

업무가 쏟아지기 때문에 그러지 못하는 사정이 있을 수도 있다.

"너무 바빠서, 일을 쳐내기에 바빠서 그럴 시간이 없어요."

깊이 생각하고, 시행안을 구체화하는 사람은 시간이 넘쳐나서 그런 작업을 하는 것은 아니다. 대가를 지불하고서라도 깊이 생각하기, 시행안을 구체화하기가 필요하다고 생각하기 때문에, 대가를 지불하고 그

렇게 하는 것이다. 평소에 대가를 지불하고서라도 기획력 있게 행동한 사람은 역량평가라는 관문에서 유리한 위치를 차지하게 된다. 반대로 평소에 기획력의 대가를 지불하기를 꺼렸다면, 이제는 기본기 부족을 만회해야만 하는 위치에 처하게 된다.

역량평가의 본질
The essence of Assessment Center

05

멘탈 케어(mental care)의 중요성

멘탈 케어(mental care)의 중요성

역량평가 자체만으로도 버거운 일인데, 많은 응시자들이 오만 가지 것들을 신경 쓰느라 멘탈이 너덜너덜해진다. 시험 자체가 만들어 내는 스트레스보다, 주변인들로부터 비롯된 사회적 압력이 더 큰 스트레스를 만들기도 한다. 도와주지는 못할망정 초를 치는 주변인도 있다.

마음과 역량은 연결되어 있다. 그러므로 멘탈이 너덜너덜해지면 역량 발휘도 잘 안 된다. "정신력으로 모든 것을 극복하자"라는 구호는 인간의 정신, 마음, 멘탈의 메커니즘을 전혀 이해하지 못했던 구시대의 유물이다. 마음을 내 맘대로 할 수 있을 것이라고 생각한다면, 거대한 착각이다. 마음은 방치해도 알아서 회복되는 불사조가 아니라, 보살피고 이해할수록 상태가 좋아지는 관리의 대상이다. 관리의 기술도 분야별로 상당히 발전해 있으며, 마음관리 상품을 구매하고자 한다면 접근성도 나쁘지 않기 때문에 얼마든지 구매할 수 있다.

"마음을 관리한다니, 약해 빠진 정신력, 쯧쯧…"과 같은 편견도 구시대의 유물이라고 할 수 있다. 정신력 타령을 하는 사람이야말로 멘탈이 너덜너덜할 가능성이 높다. 정도의 차이가 있을 뿐, 현대인은 누구나 병든 구석을 갖고 있다. 내가 안 챙기면 내 마음은 아무도 안 챙겨 준다.

이 장에서는 역량평가 응시자들이 가장 보편적으로 빠지는 심리적 함정의 유형, 가장 보편적인 스트레스의 원인, 그리고 이에 대한 대처 방법에 대해 살펴볼 것이다.

에너지 누수부터 방지하기

역량평가에 응시하게 되면, 도대체 도와주려는 건지 방해를 하려는 건지, 철없는 부담 주기를 격려로 착각하는 주변인을 반드시 만나 볼 수 있다.

"우리 OOO은 당연히 붙을 거야, 걱정하지 마, 껄껄껄"
"젊고 머리도 좋은데 역량평가 정도는 그냥 붙겠지, 허허허"

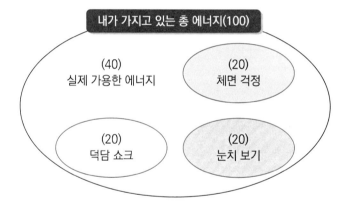

내가 가지고 있는 총 에너지가 100이라고 상정해 보자. 체면 걱정에 20을 소모하고, 눈치 보기에 20을 소모하고, 덕담을 빙자한 부담 주기 쇼크에 20을 손실하면, 실제 가용한 에너지는 본래 내가 가지고 있는 에너지의 절반도 안 된다. 타인의 기대에 휘둘리는 사람일수록 이와 같은 에너지 손실은 더더욱 커진다. 정작 필요한 곳에는 쓸 만한 에너지가 남지 않게 된다.

아무 생각 없이 덕담 쇼크를 일으키는 상사는 나쁜 상사이다. "그래

역량평가의 본질

도 좋은 뜻으로 하신 말씀이니까 부족한 내가 문제지", "내가 너무 예민한 거야"라고 자책을 할 이유가 없다. 주변인의 선한 의도와 상관없이 철없는 부담 주기가 나의 멘탈에 있어서 마이너스로만 작용한다면, 가능한 한도 내에서 역량평가가 끝날 때까지만이라도 상대방과의 사회적 관계를 최소화하는 것이 바람직하다. 같은 회사 내에서 평생 연을 끊는 것은 가능하지 않고 필요하지도 않지만, 역량평가가 끝날 때까지만이라도 스트레스 요인을 최소화함으로써 나의 멘탈을 챙기는 것은 나의 몫이다.

진짜 도움이 되는 것은, 나의 역량 프로파일에 맞추어 어떤 점이 개발 포인트인지 함께 전략을 수립해 주는 피드백이다. 지나가면서 아무 생각 없이 막 던지는 말에 휘둘리는 것은 나의 멘탈에 전혀 이롭지 않다. 공부할 시간을 확보하기 전에, 본질과 상관없는 데 소모되는 에너지 누수부터 막아야 한다. 상대방도 아무 생각 없이 막 던지는 말이라면, 나도 한 귀로 듣고 한 귀로 흘리는 것이 좋다.

물론 개인의 성향에 따라 한 귀로 흘리는 것이 몹시 어려운 사람도 있다. 대체로 타인의 기대에 휘둘리면서 살아왔던 사람일수록, 주변인이 지나가면서 아무 생각 없이 막 던지는 말에도 거대한 의미를 부여하고, 그것을 엄청난 부담으로 받아들이고, 눈치보고 체면 걱정하면서 괴로워한다. 실제로 평가를 잘 보기 위해 나 자신에게 투자하는 작업보다, 괴로워하는 데 더 큰 에너지를 소모한다.

도저히 한 귀로 흘려지지 않는다면, 주변인으로부터 비롯된 스트레스 관리가 너무 안 된다면, 심리상담, 마음챙김 명상과 같은 전문가의 도움을 구할 것을 추천해 드린다. 역량평가가 당장 내일이 아니라면, 그냥 참고 버티기에는 상당히 긴 기간이다.

최선을 다할 필요는 없다.

많은 역량평가 응시자들이 역량평가를 준비함에 있어서 다음의 주문을 수없이 되뇐다.

"최선을 다하자."

이 생각을 계속하는 것은 도움이 아니라 해가 된다.

시도 때도 없이 "최선을 다하자"라는 생각을 되뇌고 있다면,
당장 그만둬야 한다.

왜 그런지 다음의 예를 통해 살펴보자.

아무도 없는 공원의 농구 골대 앞에 혼자 있는 상황을 생각해 보자. 숏이 들어가도 아무런 좋은 일은 생기지 않고, 숏이 들어가지 않아도 아무런 나쁜 일은 생기지 않는다. 당신의 숏이 골대에 들어갈지 아닐지 아무도 보고 있지 않다.

그럼에도 불구하고 인간은 숏을 성공하기 위해 집중한다. 즉, 숏을

성공하고, 프로젝트를 성공하고, 시험을 잘 보려는 것은 인간의 본능이다. 아무런 이해관계가 없는 경우에도 본능은 작동한다. 즉, 성공을 지향하는 것은 의식적으로 생각하고 말고 이전에 자동적으로 일어나는 인간의 본능이다.

승진이 나의 인생에서 가지는 대단한 의미, 이를 위해 노력해 왔던 과거, 가족과 주변인의 기대 등등 역량평가와 관련된 수많은 이해관계를 의식적으로 상기하지 않더라도, 본능만으로도 인간은 시험을 잘 보기 위해 최선을 다한다.

> "최선을 다하자는 생각을 되뇌지 않아서,
> 내가 최선을 다하지 않으면 어쩌지?"

> 그럴 가능성은 0%이다. 전적으로 안심해도 된다.

정말 너무 하기 싫어서, 심리적으로 역량평가에서 이탈한 나머지 최선을 다하지 않는 경우도 있다. 이런 경우에는 애초에 최선을 다하자는 생각 자체를 안 한다.

그러니 "시험을 잘 봐야 한다는 생각"은 의식적으로 머릿속에서 비워 내는 편이 오히려 시험을 잘 볼 수 있는 길이다. 생각은 압박을 낳고, 압박은 경직을 낳는다. 굳이 역량평가가 아니더라도, 경직이 실패를 초래하는 경우를 인생에서 종종 경험하게 된다. 시도 때도 없이 "최선을 다하자"라는 생각을 되뇜으로써 생기는 피해는 매우 실제적이다.

승진이 되었을 때 생길 좋을 일들, 승진이 되지 않았을 때 생길 나쁜 일들, 이런 것들을 전혀 생각하지 않아도, 무의식은 당신으로 하여금 평가장에서 가지고 있는 모든 역량을 쏟아붓도록 만들 것이다. "최선을 다해야지", "이번만큼은 잘 봐야지" 의식적으로 생각할 필요 없다. 아무 생각 하지 않고 있어도 저절로 최선을 다하게 될 것이다.

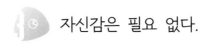# 자신감은 필요 없다.

많은 역량평가 응시자들이 자신감이 있으면 시험을 더 잘 볼 것이라고 믿는다. 여기서 한 발 더 나아가서, 자신감 있는 태도를 보이면 평가위원이 점수를 더 줄 것이라고 믿는다. 그래서 다음과 같은 주문을 되뇐다.

"자신감을 갖자."

놀랍게도 자신감은 시험을 잘 보는 데 전혀 필요 없다. 왜냐하면,

자신감은 원인이 아니라 결과이기 때문이다.

자료파악을 잘했고, 상황을 입체적/구조적으로 파악했으며, 그 결과 실천력 있는 Action Plan을 수립했으면,	→ 그 결과로서 자신감이 생긴다
원인	→ 결과

그 역은 성립하지 않는다. 자신감이 있으면, 자료파악이 잘되고, 상황을 입체적/구조적으로 파악할 수 있으며, 실천력 있는 Action Plan을 수립할 수 있는 것은 아니다.

자료파악도 잘 못했고, 상황을 입체적/구조적으로 파악하지도 못했으며, 그 결과 실천력 있는 Action Plan을 수립하지도 못했는데,	→ 자신감만 넘친다

이것은 현실에서 이탈한 것이다. 자신감이 없을 만한 상황에 자신감이 넘쳐난다면, 현실 지각 능력에 문제가 있다고 볼 수밖에 없다.

자신감은 상대방이 메시지의 내용을 잘 모를 때 영향력이 있다. 나와 상대방 간의 지식권력에 있어서, 내가 우위에 있거나 최소한 대등할 때 자신감이 설득력을 더하는 효과가 있다. 나와 상대방 간의 지식권력에 있어서, 내가 열위에 있는데 자신감만 넘쳐나는 것은 상황을 전혀 개선하지 못한다. 웃기지도 않는 블러핑이 될 뿐이다bluffing: 게임에서 자신의 패가 좋지 않을 때, 상대를 속이기 위하여 허풍을 떠는 전략.

평가위원은 과제의 내용을 이미 잘 알고 있다. 대체로 평가위원은 평가가 시작되기 전에 과제제작자로부터 주요한 평가포인트, 구조, 스토리에 대한 설명을 듣는다. 그 후에 과제의 내용을 학습하는 시간을 갖는다. In-Basket, Presentation 인터뷰 직전에는 평가대상자가 작성한 문서를 읽어 보면서, 이번 인터뷰는 어떤 식으로 운영할지 생각을 정리한다.

따라서, 자신감 있고 당당하게 허튼소리를 한다고 해서 절대로 설득되지 않는다. 이런 상황에서 평가위원은 다음과 같이 생각한다.

"이 평가대상자 분은 자료를 완전히 잘못 이해하고 있구나.
본 논점에 대해서는 질문을 더 해 봤자
점수를 더 줄 수 있는 여지가 전혀 없겠다.
다른 논점으로 넘어가서 인터뷰를 운영하는 것이 좋겠다."

자신감을 가질 게 아니라, 자신감을 가질 만한 상황을 조성하는 것이 근본적인 해결책이다. 자료파악을 잘하고, 상황을 입체적/구조적으로 파악하고, 그 결과 실천력 있는 Action Plan을 수립하면 된다. 역량모델에도 "자신감 있는 태도"를 강조하는 내용은 없다. <2장 4절 이미지메이킹이 중요하다>에서도 언급했듯이, 평가위원은 역량모델에 없는 것을 평가하지 않는다. 지금까지 수많은 역량모델을 보아 왔지만 "자신감을 수반한 멋짐"이 역량모델의 내용에 포함된 경우는 한 번도 보지 못했다.

긴장감을 감출 필요도 없다. 당연한 얘기지만, 평가위원은 평가대상 자가 긴장하고 있다는 것을 다 안다.

중요한 순간에 긴장하는 것이 뭐가 문제인가? 지극히 정상이다.

평가장에서 긴장했다고 해서 승진직급에서 필요한 역량을 갖추지 못 한 것이라고 볼 수도 없다. 그러므로 긴장감이 드러난다고 해서 감점을 하지도 않는다.

"그래도 자신감이 있으면
내 생각을 편안하게 얘기할 수 있지 않을까요?"

필요한 것은 마음을 편하게 먹는 것이지, 자신감을 갖는 게 아니다. 이 둘은 명백히 다른 것이다. 굳이 역량평가가 아니더라도 누구나 인 생에서 한 번쯤은 경험해 보았겠지만, 대체로 인위적인 자신감 주입은 마음을 불편하게 만들지, 편하게 만들지는 않는다.

고통과 성적은 비례하는가?

역량평가를 준비함에 있어서 일부러 고통스러울 필요는 없고, 그런 다고 성적이 잘 나오는 것도 아니다. 일부러 자기 자신을 고통스럽게 만드는 것은, 본래 자기 자신에게 가혹한 사람이 큰 시험을 앞두고 빠질 수 있는 가장 흔한 심리적인 함정이다. 이러한 심리적인 함정에 빠지는 이유는 간단하다.

고통과 노력을 동일시하기 때문이다.

자기 자신에게 가혹한 사람은 고통스러울수록 공부를 열심히 하는 것이라는 착각에 빠지기 쉽다. 이런 착각 속에서 무의식적으로 더 고통스럽기 위해 자신을 절벽으로 몰아넣기도 한다.

"나는 편할 자격이 없어."

이러한 생각으로 자책하는 것도 흔한 증상 중의 하나이다. 그렇다면, 왜 고통과 노력을 동일시할까? 왜 고통스러울수록 공부를 열심히 하는 것이라고 착각할까? 이를 밝히기 위해서는 일단 고통의 기능부터 이해해야 한다.

몸이 느끼는 고통은 신체가 우리에게 보내는 경고신호이다. 예를 들어, 극심한 허벅지 근육의 통증은 더 이상 허벅지 근육을 쓰면 위험하다는 몸이 우리에게 보내는 신호이다. 이 신호를 무시하고 계속해서 허벅지 근육을 쓰면, 영구적인 근육 손상을 초래할 수 있다. 즉, 신체적 고통은 "정보"로서 의미가 있다.

정신적 고통도 원리는 마찬가지이다. 지나친 마음의 고통은 그 고통을 초래하는 상황을 피하라는 마음의 신호이다. 마찬가지로 이 신호를 무시하면, 영구적인 마음의 손상을 초래할 수 있다. 그런데 정신적 고통에 있어서는 조금 더 복잡한 양상이 전개된다. "문화"라는 요소가 개입되기 때문이다. 사회생활을 하다 보면, 마음의 고통을 참는 것을 "숭고한 것, 불굴의 의지, 와신상담의 자세"로 여기는 의견을 접하게 된다. 사실 이러한 의견에는 다음과 같은 전제가 숨어 있다.

"마음의 고통을 참으면, 더 좋은 인간이 된다."

그러나 이 전제에는 오류가 있다. 마음의 고통을 참는 것은 더 좋은 인간이 되기 위한 충분조건이 아니기 때문이다. 중요한 것을 고통을 통해 "무엇을 배웠느냐"이다. 아무것도 배우지 못했다면, 죽을 똥을 싸는 고통을 겪었다고 한들, 더 좋은 인간이 될 가능성은 0이다. 고통을 그냥 지워 내기 위해서만 노력할 게 아니라, 정신줄을 되찾았을 때 고통을 분석해 보아야 한다. 고통의 내용을 분석할 생각은 하지 않고, 고통의 양을 늘리는 것은 명백히 가학적이다.

즉, "고통을 통한 학습"에 의미가 있지, 고통 그 자체에는 신호 이상의 가치나 의미가 없다. "고통을 겪으면 성장한다"라는 것은 매우 비과학적인 생각이다. 인간의 성장을 이끌어 내는 변수가 무엇인지 명확하게 밝히지 않은 채 대충 느낌으로 하는 소리이기 때문이다.

고통을 일부러 늘리는 것은 아무짝에도 쓸모없는 짓이다. 온실 속에 화초로 살고 있지 않다면 변태처럼 일부러 고통을 찾아다니지 않아도, 살아가면서 자연스럽게 수많은 고통에 마주하게 된다. 그리고 그것을 분석하는 것만으로도 배움의 기회로는 충분하다. 가능한 한 최선을 다해 고통을 피하고, 도저히 피할 수 없는 고통이 닥쳤을 때는 고통을 통해 배워야 한다. **돌고래도 호랑이도 코끼리도 그렇게 한다.**

고통과 노력은 비례하지 않는다. 따라서 고통과 성적도 비례하지 않는다. 죽을 똥을 싸는 고통을 겪었다고 한들, 학습하지 않았다면, 그건 노력을 안 한 것이다. "나는 편할 자격이 없어." 자신을 죄인으로 여기는 것은, 노력을 하고 있는 것이 아니다. 성적이 잘 나올 이유가 없다. 전략적인 관점에서 보았을 때, 더 고통스럽기 위해 자기 자신을 자책하는 것은 고득점에서 멀어지면 멀어졌지 가까워지는 행동이 아니다.

불면증의 메커니즘

평소에 걱정이 많은 성격일수록 큰 시험을 앞두고 불면증에 잠을 설치는 경우가 많다. 역량평가 준비 기간에 잠을 잘 이루지 못하는 경우도 있고, 특히 평가 전날에는 평소에 잠에 잘 드는 사람조차도 불면증에 시달릴 수 있다. "평가 전날 잘 못 자면 어떡하지" 걱정하면서, 평가준비 기간에 그 걱정을 하느라 잠을 못 이루는 경우도 있다. 어떻게 하면 불면증에 시달리지 않을 수 있을까? 어떻게 하면 불안한 상황에서도 잠을 잘 이룰 수 있을까?

역설적이게도 잠이 안 오는 상황에서는 잠을 포기하는 것이
잠들 확률을 가장 높인다.

긴장된 상태가 아니라 이완된 상태에서 잠이 온다. 잠들기 위해 노력을 하는 것은 지속적인 긴장을 유발함으로써, 잠들 수 없는 뇌의 상태를 만들어 낸다. 잠들기 위해 필요한 것은 작위作爲가 아니라 부작위不作爲이다. 잠들기 위해서는 무엇을 하는 것예: "빨리 잠들자" 다짐하기이 아니라, 무엇을 안 하는 것예: 아무 생각 없이 멍 때리기이 필요하다. 빨리 잠들어야 한다는 생각을 하면 할수록 잠은 점점 더 멀리 달아난다.

잠은 쟁취하는 것이 아니라 초대하는 것이다.

12시에 잠들어서 7시에 일어나는 것을 이상적인 수면시간이라고 가정해 보자. 12시가 되었는데 잠이 안 온다. 여기서 두 가지 선택을 할 수 있다. 선택 (1)은 잠들기를 시도하는 것이고, 선택 (2)는 잠들기를

포기하고 딴짓을 하는 것이다. (1)을 선택하면 1시까지 "빨리 잠들자"를 100번 되뇜으로써 1시가 되는 시점에 절대 잠들 수가 없는 긴장 상태가 된다. (2)를 선택하면 아무 생각을 안 함으로써 1시가 되는 시점에 잠을 초대할 수 있는 이완 상태가 된다.

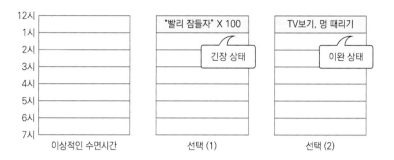

최초에 잠이 오지 않았던 12시 시점에 (2)를 선택하지 못하는 이유는 "7시간은 확보해야 한다"라는 압박감 때문이다. 이것을 포기하고 멍 때리기에 1시간을 투자하면 6시간은 살릴 수 있다. 7시간을 통째로 다 살리려고 하기 때문에 7시간 전체가 위험해진다. 사실 컨디션 면에서는 7시간을 자든 6시간을 자든 별 차이가 안 날 수 있다. 7시간 수면과 6시간 수면, 1시간 차이는 컨디션 면에서 크게 다를 것이라는 것이라는 생각이 잠을 멀리 쫓아내는 걱정이다.

"빨리 잠들자"를 300번 되뇜으로써 3시가 되어 버렸다면 어떻게 하는 게 좋을까? "4시간은 확보해야 한다"라는 압박감은 남은 4시간마저 날리게 만든다. 남은 4시간 동안 누워는 있지만 뇌는 긴장상태를 유지하면서 쉬지 못한다. 도저히 잠을 초대할 수 있는 상태가 되지 못한다. 이제라도 늦지 않았으니 잠들기를 포기하고 (2)를 선택해서 멍 때리기에 1시간을 투자하면, 남은 3시간은 그나마 살릴 가능성이 있다.

뇌를 비우는 데 좋은 작업으로 "TV보기"와 "멍 때리기"를 예로 들었는데, 사람마다 취향에 따라 무엇이든 될 수 있다. 만화책을 볼 수도 있고, 음악을 들을 수도 있고, 자신의 취향에 맞게 아무 생각 없이 이완될 수 있는 것이라면 무엇이든 상관없다.

잠이 오지 않으면,
잠드는 것을 포기하고 딴짓을 하는 것이 가장 좋다.
이때의 포인트는 뇌를 비우는 것이다.

혼자서는 도저히 불면증에 대응하기가 어렵다면, 심리상담사 또는 신경정신과와 같은 전문가의 도움을 구할 것을 추천해 드린다. 이것은 전혀 부끄러운 일이 아니다. 정도의 차이가 있을 뿐, 현대인은 누구나 병든 구석을 갖고 있다. 내가 안 챙기면 내 마음은 아무도 안 챙겨 준다.

역량평가의 본질
The essence of Assessment Center

06

과제 유형별
평가 메커니즘

과제 유형별
평가 메커니즘

평가 메커니즘의 본질을 이해해야 뻘짓을 하지 않고 역량 그 자체에 집중할 수 있다. 그런데 의전, 형식, 겉으로 보이는 멋짐 같은 쓸데없는 것에 신경을 쓴 나머지, 정작 신경 써야 할 역량은 뒷전으로 밀리는 경우가 많다. 중요한 것은 콘텐츠이지 포맷이 아니다. 그런데 포맷형식에만 목숨을 걸고 콘텐츠내용는 뒷전이니 가지고 있는 역량조차 발현되기 어렵다.

"문서는 어떻게 작성해야 한다", "발표는 어떻게 해야 한다"와 같은 형식과 고정관념에 얽매일수록 역량을 발현하기는 점점 어려워진다. 보유하고 있는 역량조차 드러나지 못하게 만드는 수많은 뻘짓들은 평가 메커니즘의 본질을 이해하지 못하기 때문에 일어난다.

Presentation, In-Basket, Role Play, Group Discussion과 같은 평가과제는 역량을 측정하기 위한 수단이다. 즉, 역량을 정확하게 측정하기 위해 평가 과제가 있는 것이지, 평가 과제에 맞춰서 역량을 짜 맞추는 것이 아니다.

"전략적 사고"를 정확하게 측정하기 위해 In-Basket 과제를 제작하는 것이지, In-Basket이라는 과제가 먼저 존재하기 위해 "전략적 사고" 역량이 있는 것은 아니다. 우리 부 사무관에게 기대되는 역량으로서 "전략적 사고"가 중요하지 않다면, In-Basket은 측정방법에서 빠지면 그만이다.

마찬가지로, "의사소통"을 정확하게 측정하기 위해 Role Play 과제를 제작하는 것이지, Role Play라는 과제가 먼저 존재하기 위해 "의사소통" 역량이 있는 것은 아니다. 우리 부 사무관에게 기대되는 역량으로서 "의사소통"이 중요하지 않다면, Role Play는 측정방법에서 빠지면 그만이다.

측정하고자 하는 역량과 과제 간의 매칭을 역량 매트릭스matrix라고 부른다.

구분		측정방법		
		In-Basket	Presentation	Role Play
측정하고자 하는 것	문제인식		○	
	전략적 사고	○		
	성과관리	○		
	실행력		○	
	의사소통			○
	관계구축			○

위의 예시 매트릭스는 6개 역량을 3개 과제에서 측정하는 상황을 상정하고 있다. 상식적으로 생각해 볼 때 "의사소통" 역량은 상대방과의 상호작용을 요체로 하는 Role Play 과제에서 측정하기 용이할 것이다. 이러한 관점에서 우리 부 역량모델과 역량 매트릭스를 보면, 왜 이 과제에서 이 역량을 측정하는지 원리를 이해할 수 있다. 원리를 이해하면 뻗깃의 리스크가 줄어든다.

이 장에서는 역량평가의 가장 대표적인 과제 유형 네 가지, Presentation, In-Basket, Role Play, Group Discussion의 본질적 평가 메커니즘과

이에 따른 유의점을 살펴볼 것이다. 이와 함께 업무실적평가, 심층면접, 업무실적면접 등의 이름으로 불리면서 일부 기관에서 승진평가에 활용되고 있는 Behavioral Event Interview행동사건인터뷰에 대해서 개괄해 볼 것이다.

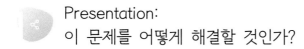

Presentation: 이 문제를 어떻게 해결할 것인가?

첫 번째로 살펴볼 대표적 과제 유형은 Presentation이다. Presentation이하 약칭 PT은 시행기관이나 시행사에 따라서 PresentationPT, Oral PresentationOP, Interview언론사 기자를 상대로 인터뷰 등 다양한 이름으로 불리는데, 어떤 용어로 불리든 특별히 다른 점은 없기 때문에 본질적으로 같은 유형으로 봐도 무방하다. PT 과제는 대체로 다음과 같은 상황으로 설정된다.

평가대상자 역할	시뮬레이션 상황
OO사업 담당자	• 사업 진행 상황 및 발견된 문제점에 대해 파악함 • 향후 사업 추진 전략과 방향성에 대해서 설명함 • 사업을 추진함에 있어서 달성할 목표를 조직의 비전과 연계하여 수립함 • 관련 이해관계자의 협조를 얻어 사업을 추진해 나갈 대책을 수립함
XX정책 담당자	• 과거에 정책을 추진함에 있어서 존재했었던 한계점을 파악함 • 정책에 의해 영향을 받게 되는 다양한 이해관계자의 입장을 반영함 • 기존의 문제점들을 해결할 수 있는 새로운 개선안을 기획함

PT는 실제 업무에서 나타날 수 있는 정책 수립 및 시행, 기획 등의 상황을 반영한 시뮬레이션이다. Interview 과제의 경우, 평가위원 역할이 언론사 기자로 설정되었다는 점을 제외하면 PT, OP와 다른 점은 없다.

많은 응시자가 PT 과제를 어려워하는 이유는 바로 이것이다.

"발표를 해야 한다니, 나 발표 못하는데, 후덜덜;;"

이러한 과도한 부담은 사실 역량평가에서의 PT의 본질과 관련이 없다. Presentation이라는 명사는 Present라는 동사에서 비롯된 단어이다. Present라는 동사는 다음과 같은 의미를 가진다.

Present(동사)
1. 주다, 수여하다.
2. 제시하다, 제출하다.
3. 보여 주다, 나타내다.

본래 Presentation이라는 단어의 뜻은 "밖으로 드러내 표현하는 것"이라는 의미를 갖는다. 내 생각을 상대방이 이해하기 쉽게 표현하고 전달하는 것이 본질이자 핵심이다. 그런데 표현은 뒷전으로 밀려나고 "쇼"만 남았다. 쇼할 생각하니까 긴장이 되고 부담이 된다.

PT의 본질은 쇼가 아니라 전달이다.

"장관의 대통령 보고 양식"이라고 해서, 다음과 같은 발표 루틴이 돌아다니기도 하는데, 아무짝에도 쓸모없다.

처음으로 현안을 말씀드리겠습니다(30초), 다음으로 문제점...(45초), 다음으로 개선방안...

위와 같은 발표 루틴은 "의전"을 위해 있는 것이지 "전달"을 위해 있는 것이 아니다. 사실상 권위주의의 산물이라고 봐도 무방하다. 극진

하게 의전한다고 해서 평가위원은 점수를 더 주지 않는다.

■ 딱딱한 발표 루틴의 부작용 ①: 경직을 초래함

더 문제는 이러한 발표 루틴이 경직을 초래한다는 것이다. 경직도가 높아질수록 전달력은 떨어질 수밖에 없다. 땀을 뻘뻘 흘리면서 매우 경직된 의전을 한다고 해서 평가위원이 이렇게 생각할 리가 없다.

"허허, 이렇게까지 쩔쩔매다니,
나를 아주 극진하게 의전하는 것 같아 기분이 좋군.
권력이나 남용해 볼 겸 점수를 후하게 줘 볼까?"

어떠한 역량모델에도 "의전력"과 같은 평가항목은 없다. 이렇게까지 저질스러운 평가위원이 만약에 평가위원단 내에 존재한다면, 인사과가 일을 잘못한 것이다.

■ 딱딱한 발표 루틴의 부작용 ②: 쓸데없는 소리를 길게 하게 됨

딱딱한 발표 루틴을 사용할 때 나타나는 또 다른 부작용은, 친절함을 빙자하여 현안을 아주 길게 얘기하게 된다는 것이다. 얼마 되지도 않은 평가위원 인터뷰 시간에 구구절절이 과제의 내용을 재방송하는 것은 시간 낭비다.

목차 읊어 주기, 용어의 정의부터 풀어 설명하기는 논제에 대한 이해 수준이 낮은 불특정 다수에게 설명할 때 필요한 스킬이다. 역량평가의 평가위원은 이미 과제의 내용을 충분히 학습하여 잘 알고 있다. 평가위원으로서는 과제의 내용은 궁금하지 않다. 질의응답 인터뷰를 할 때, 평가대상자의 설명을 통해, 비로소 몰랐던 것을 처음 알게 되는 것이 아니다. 이미 논제에 대해 잘 알고 있는 사람에게는 쓸데없이 긴

서론이 될 뿐이다. 설명이 효과적이려면 상대방의 이해 수준에 맞춰서
이뤄져야 한다.

　많은 역량평가 응시자들이 PT라고 하면 다음과 같은 이미지를 떠올
린다.

　PT 과제에서 평가위원 인터뷰 상황은 이해 수준이 낮은 청중이 100
명쯤 앉아 있고, 내가 마이크를 들고 칠판 앞에서 쇼를 하는 상황이 아
니다. 이보다는 오히려 직속상사와 1:1 대면보고 상황에 가깝다.

　같은 상황을 평소 업무의 장면으로 바꿔서 생각해 보자.

　　　　　　　　　　　　　　　역량평가의 본질

나	(매우 경직된 태도로 목차를 낭독하며) 처음으로 현안을 말씀드리겠습니다(30초), 다음으로 문제점...(45초), 다음으로 개선방안...
상사	(당황) 이게 갑자기 뭐 하는 거지;;;; (지루함) 본론은 대체 언제 얘기하려고 그러지?

아주 거창한 것을 생각하고, 어떻게 전달할지보다 멋지게 '보일 것'을 생각하고, 쇼를 할 생각을 하니까, 쓸데없는 걱정이 생기고 힘이 드는 것이다. 그냥 평소에 얘기하듯이 하면 된다. 다음과 같은 상황이라고 생각하면 편하다.

상사	○○○보고서 책상에 올려놓은 거 봤는데, 잠깐 내 방에서 설명해주겠어?
나	**(평소 말하듯이 말하기)**

많은 역량평가 응시자가 PT 과제에 대해 어려워하는 또 다른 점은 문서를 어떻게 써야 할지에 관한 것이다. 일단 보편적인 기획안의 목차를 살펴보면 다음과 같다.

1. 검토배경
~~~ 업무가 필요한 이유는 무엇임

2. 현황 및 문제점
~~~이 가장 문제가 되고 있음

3. 해결방안
(단기 대책) 즉각적 조치로 ~~~이 필요함
(장기 대책) 근본적 원인 개선을 위해 ~~~이 필요함

4. 장애요인 및 대책
- 기획한 해결방안을 추진함에 있어서 ~~~와 같은 장애요인이 나타날 수 있음
- 추진과정에서 ~~~에 특히 신경을 써서 부작용을 방지하도록 하겠음

5. 기대효과
- ~~~한 조치로 ~~~한 효과를 기대할 수 있음
- 이러한 조치는 우리 부의 미션 또는 국정목표와는 어떻게 연결됨

문서작성 과정에서 가장 많이 나오는 실수는 다음과 같다.

과제의 내용을 현황에 몽땅 옮겨 적기

이런 방식으로 시간을 소모하면, 해결방안을 생각하고 기록할 시간이 없어진다. 결국 "현황 및 문제점"만 잔뜩 나열해 놓고, "해결방안"은 흐지부지 끝나는 용두사미 문서가 된다. 이런 시간 낭비를 하는 이유는 다음과 같다.
- 일단 뭐라도 써야 할 것 같으니까
- 문서의 양을 늘리고 싶어서
- 생각을 하지 않고 과제의 내용을 옮겨 적어도 현황은 써지니까
- 해결방안은 생각을 하지 않으면 쓸 수가 없는데, 현황은 그것보다 쉽게 쓸 수 있으니까

과제 내용을 문서에 옮겨 적는 것은 시간 낭비다. 문서설명도 구두 설명과 마찬가지로 상대방의 이해 수준에 맞춰서 이뤄져야 한다. "서론부터 친절하게"는 논제에 대한 상대방의 이해 수준이 낮을 때 하는 것이다.

역량평가에서, 그리고 평가위원 인터뷰에서 확인하고자 하는 것은 결국 다음과 같다.

이 문제를 어떻게 해결할 것인가?

나머지는 전부 곁가지이다. 위의 예시 목차에서 "검토배경", "현황 및 문제점"을 최소한으로 제시해도 상관없다. 중요한 것은 "해결방안" 이다.

평가위원 인터뷰에서 주어지는 질문은, 크게 다음의 3단계로 나눌 수 있다.

상황	• 현 상황에 대해 어떻게 생각하십니까? • 본 정책의 목표는 무엇입니까?
행동	• 현 상황을 해결하기 위한 대안은 무엇입니까? • 그러한 대안을 기획하신 이유/근거는 무엇입니까?
결과	• 대안을 실행할 경우, 기대효과는 무엇입니까? • 본 대안이 정책수요자 및 이해관계자들에게 어떤 영향을 미칠 것이라고 생각하십니까?

<행동>, <결과>가 구체적/실제적으로 기록되어 있다면, <상황> 에 대해서는 굳이 물어볼 필요가 없다. <상황>을 이해하지 못한다면 <행동>, <결과>를 구체적/실제적으로 도출할 수가 없기 때문이다. 그러므로 문서작성 시 "해결방안"을 효과적으로 제시할 수 있다면 <상황>에 해당하는 "검토배경", "현황 및 문제점"을 최소한으로 제시해

도 상관없다. 보편적인 기획서의 형식을 엄밀하게 지킨다고 해서 점수를 더 주지 않는다.

반대로 <상황>에 대한 질문이 많이 주어진다면, 이것은 매우 심각한 경우임을 시사한다. 평가대상자가 상황 파악을 제대로 했는지, 기초부터 확인하는 것이기 때문이다. 주로 문서가 아주 부실할 때 이러한 상황이 일어난다.

사실 PT의 본질은 간단하다.
문제를 어떻게 해결할 것인가에 관한 것이다.

~~한 문제가 있음	그래서 나는 ~~~할 것임 (단기적으로는 ~~~) (장기적으로는 ~~~)	이렇게 하면 ~~~이 좋음	그 와중에 ~~~한 부작용도 있을 수 있으니까 꼼꼼하게 대처할 것임
1. 검토배경 2. 현황 및 문제점	3. 개선방안 　 (단기 대책) 　 (장기 대책)	5. 기대효과	4. 장애요인 및 　 대책

반드시 지켜야 하는 "절대목차" 같은 것은 없다. 내 생각을 효과적으로 정리할 수 있다면, 이를 바탕으로 내 아이디어를 상대방에게 효과적으로 전달하는 데 도움이 된다면, 그것이 바로 좋은 목차이다. 합격자가 썼다는 목차를 묻지도 따지지도 않고 적용하면, 논리가 뚝뚝 부러진다. 보는 사람 입장에서 이게 대체 무슨 소린지 잘 이해가 안 된다.

중요한 것은 콘텐츠이지 포맷이 아니다.

In-Basket:
복합적인 상황을 한 맥락으로 정리하기

두 번째로 살펴볼 대표적 과제 유형은 In-Basket이다. In-Basket 이하 약칭 IB은 주로 "서류함 기법"으로 번역된다. IB는 서류함에 온갖 서류가 산재해 있는 상황을 시뮬레이션한다.

In-Basket	Out-Basket
미결 서류함	결제된 서류함
조치 전	조치 후

서류함
보도자료, 공문, 이해관계자 이메일, 상사의 지시사항, 신문기사, 동료의 요청사항, 정책 보고서, 일정표 등등

IB 과제에서는 복합적인 상황을 통합적으로 이해하는 것이 핵심이 기 때문에, 구조적 사고가 중요하다. 소위 큰 그림을 보는 능력이라고 표현되기도 한다. 다양한 업무가 산재해 있을 때, 자료 간의 유기적인 연계구조를 파악하지 못하면, 하나하나는 각각 타당하지만 큰 그림에 서 보면 뚝뚝 부러지는 해결책이 나온다. 그럼 구조적 사고를 어떻게 향상할 수 있을까?

기준점을 설정하여 정보를 재배열하는 것이 핵심이다.

잔뜩 어질러져 있는 주방에서 후추를 찾으려고 하면, 어디 있는지 잘 안 찾아진다.

양념류, 식기류, 조리도구류로 구분 지어 놓으면 후추가 잘 찾아진다.
IB에 제시된 자료는 위의 그림에 비유할 수 있다. 기준점을 설정하여 정보를 재배열하는 작업은 아래 그림에 비유할 수 있다. 정보를 재배열하기 위한 기준점은 인과관계, 작업의 흐름, 업무의 단위, 시간순서 등 여러 가지가 될 수 있다.

IB 과제에서는 시간순서와 다르게 자료가 배열되어 있다. 다시 말해, 정리가 되어 있지 않다. 정리를 하는 것은 내 몫이다.

역량평가의 본질

연습장에 선 하나 긋고 순서대로 적는 것만으로도 생각이 정리된다. 이 작업을 머릿속으로 하려고 하면 매우 어렵다. 연필로 그림을 그리면 인지적 자원을 거의 소모하지 않고서도 상황을 정리할 수 있다.

상황이 정리가 안 되면 글을 쓰지 말고 그림을 그리자.

글로는 절대 정리가 안 되는 것이 그림으로는 정리가 된다.

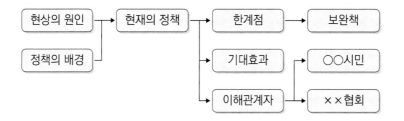

개체네모와 연결선화살표으로 구성된 위와 같은 형태를 소위 "구조도" 또는 "마인드맵"이라고 부른다. 여러 정보의 파편들이 머릿속을 휘젓기만 할 뿐 도무지 정리가 안 되면, 그림을 그리면 된다. 머리로는 아무리 해도 정리가 안 된다. 인간의 단기기억 메모리는 용량의 한계 때문에, 한꺼번에 너무 많은 정보를 처리할 수 없다.

"그림으로 정리하기"는 대단히 혁신적이고 새로운 것이 아니라, 본래부터 존재하는 방법론이다. A4 용지에 네모, 동그라미, 화살표, 키워드로 상황을 도식화해서 보여 주는 그림 설명, 칠판에 관련 정보들을 모두 판서한 다음에 핵심만 남겨 놓고 선으로 이어 주는 칠판 정리 등등의 작업 모두 구조도와 같은 원리의 방법론이다. 구조도 작업의 미덕은 복합적인 상황을 한눈에 볼 수 있도록 정리한다는 점에 있다.

상황이 한눈에 들어오면, 큰 그림을 보는 안목이 생긴다.

그런데 이런 의구심이 생길 수도 있다.

"짧은 시험시간에 구조도를 그리고,
다음으로 문서쓰기까지 할 수 있을까요?"

실전에서는 물론 충분히 공을 들인 구조도 full version은 못 만든다. 그런데 연습 단계에서 구조도 작업을 자꾸 하다 보면, 정보의 핵심을 간추리고 정보 간의 상관관계를 연결 짓는 사고패턴이 형성된다. 시간을 많이 들여 구조도를 만드는 작업을 반복적으로 하다 보면, 이러한 사고패턴으로 상황을 입체적/구조적으로 파악하도록 뇌가 활성화된다. 실전에서 full version은 못 만들더라도, 생각이 막히면 메모지에 간단한 도식화를 함으로써 생각을 정리하는 것은 얼마든지 가능하다. 이것은 결코 시간 낭비가 아니다. 아무 말이나 문서에 기록함으로써 문서의 양만 늘리려 하는 것이 오히려 시간 낭비이다.

구조도는 마인드맵 프로그램을 활용해서 그릴 수도 있고, 종이에 연필로 그릴 수도 있다. 무료 마인드맵 프로그램은 인터넷에서 어렵지 않게 찾을 수 있다. 중요한 것은 한눈에 들어올 수 있도록 한바닥에 그려야 한다는 점이다. 구조도 훈련법은 꼭 In-Basket에만 적용할 수 있는 것은 아니다. Presentation, Role Play, Group Discussion 과제에서도 마찬가지로, 여러 정보의 파편들이 머릿속을 휘젓기만 할 뿐 도무지 정리가 안 된다면 구조도를 그림으로써 생각을 고도화할 수 있다.

IB의 본질은 복합적인 상황을
한 맥락으로 정리하기에 관한 것이다.

Role Play:
역지사지에 기반한 상호작용

PT, IB와 대비되는 Role Play이하 약칭 RP의 가장 큰 특징은 상대방과의 대화를 통해 진행된다는 점에 있다. RP는 실제 업무에서 나타날 수 있는 특정인과의 상호작용 상황을 반영한다. RP는 역할수행 과정을 통해 나타난 평가대상자의 설득, 협상, 의사결정 과정, 상대방과의 상호작용, 그에 따른 반응 등을 평가한다. RP는 크게 다음 세 가지 유형으로 구분된다.

① 민원인 Role Play

첫 번째 유형은 민원인을 상대로 하는 RP이다.

예시

평가대상자 역할	평가위원 역할	시뮬레이션 상황
정책 담당자	화가 난 민원인	새롭게 도입하려는 정책에 항의하는 민원인을 설득하고 이해관계를 조정함

민원인을 설득하려면 상대방의 입장을 이해하는 것이 중요하다. 정책을 추진하려는 우리 부 입장에서, 내 입장에서 생각하면 당연한 것이 민원인 입장에서 보면 황당할 수도, 억울할 수도 있다.

> 현실의 삶에서도, 내 입장에서 보면 당연한 것이
> 입장 바꿔 생각해 보면 당연하지 않을 수 있다.

"무소불위의 권력을 휘둘러야지" 같은 생각만으로 갑질을 하지는 않는다. 사실 이런 경우는 많지 않다. 더 보편적인 갑질의 이유는 다음과 같이 다양하다.

- 귀찮아서
- 생각하기 싫어서
- 책임지기 싫어서
- 약해 보이기 싫어서
- 민원인이 무서워서
- 빨리 끝내고 집에 가고 싶어서
- 그래야 이 사건이 해결돼서

민원인에 대해 굉장한 악의를 가질 때만 갑질이 나오는 것이 아니다. 생각하기 싫고 귀찮을 때도 갑질은 얼마든지 나올 수 있다.

그렇다고 무작정 양보할 수도 없다. 지킬 수 없는 약속을 남발하는 것도 담당자로서 책임 있는 태도는 아니다. 우리 부의 정책 목표를 최대한 살리면서도, 민원인의 니즈를 만족시킬 수 있도록 대안을 제시하는 것이 민원인 RP의 핵심이다.

② 부하직원 Role Play

두 번째 유형은 부하직원을 상대로 하는 RP이다.

평가대상자 역할	평가위원 역할	시뮬레이션 상황
상사	부하직원	부하직원의 성과 문제, 애로사항, 업무 조정 및 추진에 대한 피드백 제공

부하직원을 설득하는 것도 마찬가지로 상대방의 입장을 이해하는 것이 중요하다. 판단하는 마음보다 위하는 마음이 커야 부하직원을 설득할 수 있다. "니가 그러면 안 돼! 무엄하다!"라는 생각이 먼저 든다면 설득은 이미 물 건너간 것이다. **명령은 쉽고 설득은 어렵다.** 명령은 역량이 없어도 상황만 되면 누구나 할 수 있다. 설득은 역량이 없으면 못한다. 다음과 같은 생각은 비겁한 변명이다. **"나는 원래 공감을 못해."**

사람에게는 누구나 미러 뉴런mirror neuron: 상대방의 움직임을 관찰할 때 관찰자 자신이 스스로 행동하듯이 느끼게 해 주는 뇌의 신경세포이 있다. 미러 뉴런은 인간 공감능력의 핵심이다. 이것은 누구나 태어날 때부터 기본적으로 탑재하고 태어난다. 살면서 그 기능을 안 썼을 뿐이다. 적극적으로 활용하기 시작하면 나이와는 상관없이 활성화가 가능하다.

> "인간으로서 공감할 수 있는 기능은 가지고 있지만,
> 공감하기가 싫어"가 정확한 표현이다.

"니가 그러면 안 돼"라고 판단하기 전에, 일단 다음과 같은 것들을 생각해 보자.

- 부하직원은 어떤 고충을 겪고 있는가?
- 왜 문제가 되는 행동을 할 수밖에 없는가?
- 어떤 어려움에 처해 있는가?
- 상사로서 내가 해결해 줄 수 있는 부분은 무엇인가?

가족관계, 연인관계, 업무관계에서 공감을 잘 못하는 사람들은 다음과 같은 생각을 자주 하는 경향이 있다.

> "아무 이유 없이 도대체 왜 저러는지 모르겠어."

이유가 없는 것이 아니라 이유를 모르는 것이다. 이유가 없는 것과 이유를 모르는 것은 다르다. **인간의 모든 행동에는 이유가 있다.** 이유가 있다는 것은 어느 정도 알지만, 그것을 인정하고 싶지 않아 이유를 모르기 위해 노력할 수도 있다. 이유가 내 맘에 들지 않는 것과 이유를 모르는 것은 다르다. 누구나 살면서 "도저히 대화가 안 돼"라는 느낌을 받을 때가 있다. 이런 느낌은 주로 위와 같은 상황에서 발생한다.

③ 1:2 Role Play

세 번째 유형은 이해관계가 충돌하는 두 사람을 중재해야 하는 RP 이다.

예시

평가대상자 역할	평가위원1 역할	평가위원2 역할	시뮬레이션 상황
OO도 팀장	A시 팀장	시민단체 대표	A시 팀장과 시민단체 대표를 만나, 양측의 이해관계에 대한 입장을 충분히 반영 후, 합리적인 조정안 도출
신규 도입하려는 정책Z에 대한 이해관계 조정	정책Z를 계획대로 추진해야 함	정책Z의 추진을 반대함	
OO교육과 과장	X교육센터	Y교육센터	X, Y교육센터 간 업무 조정
OO사업 추진 책임자	업체 관계자	주민	업계와 주민 간의 이해관계 조정

중재는 반띵반띵 기계적 나누기가 아니다.

해당 이슈를 담당하는 공직자책임자로서 문제를 해결해야만 양자를 설득할 수 있다. 두 사람은 자기 입장만 생각하더라도, 책임자는 전체적인 성과목표를 고려해서 논의를 이끌어 가야 한다.

"둘이 알아서 합의하고, 결론 나면 알려줘."

이런 태도는 책임자로서 적합한 것이 아니다. 중립을 가장하여 두 사람 간의 갈등을 방조해서는 안 된다. 주도적으로 중재안을 제시하고 갈등을 해결하는 것이 책임자의 책무이다. 둘이 치고 받고 싸우는데 멀뚱멀뚱 구경만 하고 있으면, 아무 역량도 발현되지 않는다. 양측 어느 쪽에서도 요청하지 않았지만 양측의 니즈를 만족시킬 만한 대안을 가지고 있다면, 이것을 적절한 타이밍에 주도적으로 제시함으로써 논의의 주도권을 확보해야 한다.

양측에 대한 고려와 공감이 필요한 기본원리는 1:2RP에서도 1:1RP와 다르지 않다.

RP 과제에 있어서 공감을 강조하는 경우가 많다.

그런데 공감의 의미는 단순하지 않다.

"아, 니가부하직원이 그랬구나", "아, 그러셨군요" 추임새만 넣는 것은 공감은 아니다. 상대방이 처한 입장을 인지적으로 이해하는 것이 먼저다. 상황을 이해해야 논의를 이끌어 갈 수도 있고, 주도권을 확보할 수도 있고, 상대방의 반응에 휩쓸리지 않을 수 있다. 따라서 RP에서도 PT, IB와 마찬가지로 자료이해는 중요하다. 상대방이 왜 이런 주장을 하는지 입장을 인지적으로 이해하지도 못하면서 "아, 그러셨군요" 추임새만 넣는다면 상대방은 이해받는 느낌을 전혀 받지 못한다. "지금 상황을 제대로 파악하신 게 맞습니까?"라는 반발을 초래할 리스크마저 존재한다.

상호작용이 원활하기 위해서는 상대방의 반응에 적합하게 다시 반응하는 것이 중요하다.

이런 시나리오를 반드시 지키고자 하는 태도는 오히려 반응성을 떨어트린다. 상대방은 나의 시나리오에 맞춰서 반응하는 기계가 아니라 사람이다. "당신이 어떤 반응을 보이던 제가 알 바는 아니고요, 다음 단계로 진행하겠습니다"는 공감이 아니다. 상대방이 수긍할 리가 없다. 실제 역량평가 RP에서 이런 식으로 진행하려고 하면 상대방은 굉장히 격렬하게 저항한다. 그러든지 말든지 일방통행으로 직진하면 파국으로 치닫기에 십상이다.

RP의 본질은 역지사지 기반의 상호작용이다.

▪ RP에서 자주 나오는 실수 ①: 나 자신도 납득할 수 없는 주장을 밀어붙이기

RP에서 자주 나오는 실수 중 하나는 나 자신조차 납득할 수 없는 주장을 억지로 밀어붙이는 것이다. 나 자신조차 납득하기 어려운 주장을 밀어붙인다면, 상대방이 납득할 리가 없다. 내 입장만 방어하려고 하기 전에 생각해 봐야 할 것들은 다음과 같다.

- 내 주장에 설득력이 있는지, 논리적으로 타당한지, 소위 말이 되는지
- 상대방 입장에서 생각해 볼 때, 내 주장을 받아들인다면 어떤 이득/손해가 생기는지

민원인 또는 부하직원을 설득해야 하는 현실의 업무 상황을 생각해 보자. "나는 말할 테니까, 너는 들어라"와 같은 태도로는 누구도 설득할 수 없다. 권력에 눌려서 상대방이 아무런 저항을 보이지 않았다고

하더라도, 이것은 설득이 된 것이 아니라 제압을 한 것이다.

역량평가 RP에서는 "제압력"을 보지 않고 "설득력"을 본다.

▪ RP에서 자주 나오는 실수 ②: 상대방을 교수님으로 인식하기

RP에서 자주 나오는 또 다른 실수는 역할수행 상대방을 교수님으로 인식하는 것이다.

홍길동 사무관	상호작용	아무개 민원인

시뮬레이션에서 역할수행자를 "아무개 민원인"이라고 설정해 놓았으면, 아무개 민원인으로 인식해야 자연스러운 역할수행이 나온다.

"교수님이다! 잘 보여야지."

이런 생각을 하는 순간 역할수행은 산으로 간다. 몰입이 깨질 것 같으면 "나는 홍길동 사무관이다, 나는 홍길동 사무관이다"라고 되뇜으로써 몰입을 유지해야 한다. 이 상황이 진짜라고 믿어야 좋은 역할수행이 나오고, 내가 가지고 있는 역량이 자연스럽게 발현된다.

▪ RP에서 자주 나오는 실수 ③: 다시는 안 볼 사람인 것처럼 행동하기

RP에서 자주 나오는 또 다른 실수는 역할수행 상대방을 다시는 안 볼 사람인 것처럼 행동하는 것이다. 좋은 관계형성은 다음과 같은 태도가 내재되어 있을 때 가능하다.

"아무개 민원인을 다음번에 또 볼 것이다.
이 사람은 오늘 20분 보고 끝날 사람이 아니다."

앞으로 또 볼 것이라고 상정하면, 자연스럽게 관계형성을 위해 노력하게 된다.
RP의 핵심 메커니즘을 요약하면 다음과 같다.

생각하기		말로 표현하기		상대방의 반응에 반응하기
자료이해	➡	이해하기 쉽게, 논리적으로 설득방안 전달하기	➡	일방통행 X

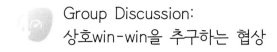

Group Discussion:
상호win-win을 추구하는 협상

Group Discussion이하 약칭 GD도 RP와 마찬가지로 상대방과의 대화를 통해 진행된다. GD가 다른 세 가지 유형의 과제PT, IB, RP와 다른 점은 평가위원과 평가대상자 간의 상호작용이 없다는 것이다. GD는 평가대상자 간의 상호작용만으로 진행된다.

평가대상자1 역할	평가대상자2 역할	평가대상자3 역할	시뮬레이션 상황
A팀 팀장	B팀 팀장	C팀 팀장	제한된 자원(돈, 인력, 시간, 공간 등)의 배분을 위한 협상과 조정

다른 세 가지 유형의 과제PT, IB, RP에서 평가위원은 평가대상자의 역량을 도출하기 위해 여러 가지 시도를 한다. GD는 평가위원의 개입 없이 평가대상자 간의 상호작용만으로 진행되기 때문에, 가만히 있으면 그냥 묻힌다.

따라서, 아무 존재감 없는 것이 최악의 상황이다. "이 사람은 토론장에 있는지 없는지도 모르겠다"라는 느낌이 든다면, 역량이 전혀 발현되지 않은 것이기 때문에 점수를 줄 여지도 없다. 적극적으로 자신의 존재감을 드러내야 한다. 문제는 고압적인 태도, 설득 논리 없이 뻗치기, "나만 살자"의 이기주의로 존재감이 드러나서는 안 된다는 점이다. 이러한 맥락에서 다음과 같은 "카더라"가 나돌기도 한다.

"GD에서는 말을 절대로 끊으면 안 된다."

이러한 카더라는 거짓말이다. 설득의 혈투가 벌어지는 토론장에서, 말을 절대로 끊지 않으면 꿔다 놓은 보릿자루가 되기에 십상이다. 공격적인 끊기와 정중하게 끊기는 누가 봐도 구분이 된다. 평소에 "너는 좀 공격적이야, 어떤 때 보면 무서워"와 같은 피드백을 여러 사람으로부터, 여러 장면에서, 여러 경로로 Cross-Check로 들었다면, 토론장에서도 공격적인 모습이 나타날 것이다. 설득을 하려면 논리가 있어야 하고, 논리가 있으려면 자료이해를 잘 해야 한다. 따라서 GD에서도 PT, IB와 마찬가지로 자료이해는 중요하다.

"GD에서는 토론 상대방으로 누구를 만나는지 운도 중요하다."

이러한 카더라도 거짓말이다. 토론자 3명 점수의 총합은 정해져 있지 않다. 모두가 엉망진창이라면 3명 모두 낮은 점수를 받을 수 있고, 모두가 성숙한 협상을 보여 줬다면 3명 모두 높은 점수를 받을 수도 있다. 어떻게든 결론을 내기 위해, 아무런 논리도 없이 1/N을 합의했다고 해서 좋은 점수가 나오지 않는다.

어떤 토론 상대방을 만나든 내가 들어선 토론장에서 최선을 다하면, 역량은 자연스럽게 드러난다. 이기적이지 않게 상대방의 협조와 양보를 이끌어 내려면, 상대방의 니즈와 입장을 이해해야 한다. 내 입장만 앵무새처럼 반복해 봐야, 아무 의미 없는 공회전만 가속시킬 뿐이다. 그러므로 GD에서도 RP와 마찬가지로 역지사지에 기반한 상호작용이 중요하다.

3명의 토론자는 서로 경합하는 관계이지만, 다른 한편으로는 공동의 목표를 공유하는 경우가 많다. 위의 예시에서 A팀 팀장, B팀 팀장, C팀 팀장이 같은 OO부 소속이라면, 우리 회사가 잘되는 것은 어느 팀에 소속되었는지 여부와는 상관없는 공동의 목표이다. OO부가 망하게 되는데 A팀, B팀, C팀만 잘되는 것은 소용이 없다. "이렇게 되면 우리 회사가 망하지 않습니까?"라고 공격이 들어오면 속수무책으로 방어가 안 된다.

협상에서 내가 원하는 것을 얻기 위해서는 상대방에게도 무엇인가를 제공해야 한다. 이러한 Deal card 제시가 우리 회사 OO부 모두가 잘되는 방향이라면 더욱 설득력 있다. 나는 한 치도 양보할 생각이 없는데, 상대방은 양보할 것이라는 기대는 초현실적이다. "저놈을 죽여야 내가 산다"라고 생각하고 접근하면 설득력이 안 생긴다. "나도 살고 너도 살 방법을 생각해 보자"라고 생각하고 접근해야 설득력이 생긴다.

GD의 본질은 상호 win-win을 추구하는 협상이다.

GD의 핵심 메커니즘을 요약하면 다음과 같다.

생각하기	협상하기	상호 win-win의 대안 제시
자료이해	잘 듣기 잘 말하기	모두가 살 수 있는 방향 제시

몰입의 중요성

RP에서 상대방을 "교수님"이라고 인식하면 역할수행이 산으로 간다. PT, IB, GD에서도 마찬가지로 시뮬레이션에 대한 몰입은 매우 중요하다. 즉, 주어진 시뮬레이션 그 자체가 현실이라고 믿어야 한다. "이것은 초현실 역량평가 상황이다"라는 생각으로 이탈하면, 현실이라면 절대 안 할 의사결정과 행동이 나온다.

예를 들어, "IB는 시간중복 상황에서, 적합한 부하직원에게 위임해야 한다"와 같은 정형화된 선입견을 가지고 있으면, 현실에서는 절대 하지 않을 선택을 한다. 현실이라면 그냥 내가 직접 처리할 일에 있어서도, 고정관념에 맞추기 위해 굳이 위임하는 조치를 만든다.

"이 조치는 왜 이렇게 하신 것이죠?"

질문이 들어오면 그때부터 멘붕이다. 현실이라면 절대 안 할 행동은 왜 이렇게 하는 것인지 설명이 불가능하기 때문이다. 고정관념에 맞추느라 나 자신조차 납득이 안 되는 대안을 제시했으니 설득력 있게 설명할 수 있을 리가 없다.

시뮬레이션에서 "귀하는 홍길동 사무관입니다"라고 주어져 있으면, 정말 내가 홍길동 사무관이라고 믿고 홍길동 사무관에 빙의해야 한다. 현실의 나는 그대로 현실에 있고, 제3자적 시각에서 홍길동 사무관을 관찰/응원해서는 실천력 있는 해결책이 나오지 않는다.

마치 남의 일 얘기하는 듯한 유체이탈 화법이 나온다.

그뿐만 아니라, "IB는 이런 거라고 했으니까, 이 정도 했으면 됐겠지"라는 안일한 생각으로 더 구체화할 수 있는 부분도 모호하게 내버려 두게 된다.

| 나 | **(빙의)** ➡ | 홍길동 사무관 |

실천적이고 구체적인 해결책은 다음과 같이 믿을 때 나온다.

"나는 진짜 홍길동 사무관으로서,
지금 주어진 문제 상황을 해결해야 한다."

시뮬레이션에 조금도 몰입하지 않고 있는데, 세부추진계획에 "MOU, 교육, 홍보, TFT, 협의체, 지원금, 보조금, 인식개선"을 제시한다고 실천력과 구체성이 생기지 않는다.

몰입	• 진짜라고 믿기 • "나는 홍길동 사무관이다"
이탈	• 나와 내 소속 부서를 모름 • "이건 현실과 다른 SF 판타지" • "나는 홍길동 사무관을 원격조종할 뿐"

Behavioral Event Interview(행동사건인터뷰):
나를 주인공으로 하는 열전(列傳)

지금까지 있었던 주요 업무성과를 업무기술서로 작성하고, 이 업무
기술서를 바탕으로 인터뷰하는 방법론을 Behavioral Event Interview
BEI: 행동사건인터뷰라고 부른다. BEI는 역량평가Assessment Center와는 다르
지만, 임원 승진, 사무관 승진과 같은 인사선발에 널리 활용되고 있는
방법론이다. 그러므로 BEI에 대비하는 승진 후보자를 위하여, BEI의
측정 원리와 메커니즘을 설명하고자 한다.

BEI는 시행 기관에 따라, 업무실적평가, 심층면접, 업무실적면접 등
다양한 이름으로 불린다. 어떤 명칭이 사용되든 (1) 업무 실적을 서면
으로 기록하고, (2) 이 문서를 바탕으로 인터뷰를 하면 BEI이다.

① BEI의 기본원리

BEI는 과거 역량발휘 경험을 통해 미래의 역량발휘를 예측하는 인
터뷰 기법이다. 성격, 행동특성, 가치관 등은 한 사람의 행동을 결정하
며 쉽게 변하지 않으므로, BEI는 과거에 어떤 행동을 했었는지 알아봄
으로써, 미래의 행동을 타당하게 예측할 수 있다는 원리에 기반하고
있다.

대체로 인간은 주무관 때 했던 업무패턴을 사무관 때도 똑같이 하고,
팀원일 때 했던 업무패턴을 팀장이 되어서도 똑같이 한다. 팀원일 때

꼼꼼함이 심각하게 부족했던 사람이, 팀장이 된다고 해서 하루아침에 꼼꼼해지지 않는다.

BEI는 구조화된structured 인터뷰 기법이다. 여기서 구조화되었다는 것은 무슨 의미일까? 비구조화unstructured 인터뷰는 다음과 같은 한계점을 가진다.

면접관 질문	사무관이 되면 어떻게 하시겠습니까?
응시자 대답	지금까지 해 왔던 것처럼 꼼꼼하지 않게 일을 대충 하겠습니다.

세상에 이렇게 대답하는 사람은 없다.

비구조화 인터뷰에서는 구조화된 상황 설정이 없다. 가상의 상황을 설정해서, 앞으로 어떻게 하겠냐고 물어본다. 이러한 질문을 받으면, 대체로 인간은 자신의 성격, 행동특성, 가치관과 상관없이 사회적으로 바람직한 방안을 응답하게 된다. 실제 자기와 상관없이 아름다운 얘기만 하게 된다. 주먹구구식 입사 면접을 떠올려 보면, 이러한 양상이 더 극적으로 드러난다.

면접관 질분	우리 회사에 들어오면 어떻게 하시겠습니까?
응시자 대답	열심히 하겠습니다!

열심히 안 하겠다고 대답할 응시자가 존재할까? "우리 회사에 들어오면 어떻게 하시겠습니까?"는 할 필요가 없는 질문이다. 고전적인 면접이 측정방법으로서 가치가 없는 이유가 바로 이것이다. 이에 반해 BEI에서는 구조화된 상황 설정이 과거 업무경험으로서 존재한다.

면접관 질문	업무기술서에 기록된 과거⋯한 업무경험에서 어떻게⋯?
응시자 대답	자신의 성격, 행동특성, 가치관에 기반한 실제 업무경험을 응답하게 됨

역량평가에서는 시뮬레이션을 통해 구조화된 상황 설정이 제시된다.

평가위원 질문	귀하는 □□□ 사업을 맡고 있는 홍길동 사무관으로서 어떻게⋯?
응시자 대답	PT 또는 IB 과제에 제시된 제약조건과 주어진 자원을 고려했을 때, 홍길동 사무관으로서...

② 업무기술서 어떻게 작성하면 좋을까?

업무기술서 서류평가를 통해 일정 비율의 응시자를 선발한 다음, 서류평가를 통과한 응시자만을 대상으로 BEI를 실시하는 경우가 많다. 그렇다면 업무기술서는 어떻게 작성하면 좋을까?

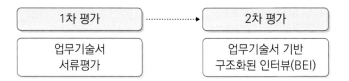

과거의 업무실적을 기록하라고 해서, 말뜻 그대로 있었던 사실만 건조하게 기록하면 역량이 드러날 수가 없다.

- 'XX년 X월~X월: XXX 업무를 수행함
- 'YY년 Y월~Y월: YYY 업무를 수행함
- 'ZZ년 Z월~Z월: ZZZ 업무를 수행함

그냥 이런 일이 있었다는 사실만으로는 응시자가 어떤 역량을 보유하고 있는지 알 수가 없다. 결국 업무기술서와 BEI를 통해 알고 싶은 것은, 응시자가 과거에 어떤 역량을 발현했는지, 그러므로 승진직급이 된다면 어떤 역량을 발현할 수 있는지에 관한 것이다.

역량평가에서 역량모델을 제시하는 것과 마찬가지로, BEI에서도 평가항목을 제시하는 것이 보편적이다. 평가항목에서 제시하고 있는 역량이 드러날 수 있도록 업무경험event을 기술하는 것이 중요하다. 그래서 Behavioral Event Interview이다.

"내가 했던 일 하나도 빠지지 않고 많은 양을 기록하자"와 같은 접근법으로 기록하면 역량이 드러나지 않는다.

"주요한 Event에서 내가 뭘 잘했는지,
그러므로 승진직급이 되면 왜 잘할 수 있는지"
면접관을 설득한다는 관점에서 기록해야 역량이 드러난다.

역사 서술에는 다음과 같은 체제들이 있다.

편년체(編年體)	역사적 사실을 연, 월, 일 순으로 기록하는 방법
열전체(列傳體)	인물을 중심으로 일대기를 기록하는 방법

편년체는 국사교과서 연표에서 흔히 볼 수 있는 건조한 서술법이다. 국사교과서 연표처럼 줄줄이 단편적인 사실만 나열하여 업무기술서를 쓰면, 이 사람이 승진직급 역량을 갖추고 있는지 아닌지 알 수 없다. 업무기술서에서 역량이 드러나지 않으면, 서류평가에서 탈락이다. 면접 기회는 주어지지 않는다.

업무기술서는 나를 주인공으로 하는 열전列傳이라고 생각하면 쉽다. 삼국지로 비유하면, 관우 열전, 조조 열전, 제갈량 열전과 같이, 나의 열전에는 나의 활약상이 기록되어야 한다.

③ BEI 어떻게 하면 잘 볼 수 있을까?

BEI를 어떻게 준비할지 막막해서, 역량평가에서 흔히 나타나는 오해와 같이 딱딱한 발표 루틴, 아나운서 같은 말투를 연습하는 경우가 있는데, 이것은 별 소용이 없다. <2장 4절 이미지메이킹이 중요하다>에서 설명했던 것과 같이, 후광효과halo effect는 주로 면접관의 수준이 낮을 때 일어난다.

BEI를 잘 보려면,

- 일단 나의 역량이 입체적으로 드러나도록 업무기술서를 잘 써야 한다.
- 나의 강점이 뭔지 나 자신을 알아야 한다.
- 나의 약점에 대해서는 어떻게 보완할지 개선대책이 있어야 한다.

"업무기술서 가지고 얘기하는 거니까, 그냥 내 얘기하면 되는 거 아니야?"와 같은 생각으로 BEI는 준비가 필요 없다고 오해하는 경우도 있다. 그런데 똑같은 업무기술서를 가지고 얘기를 해도, 내가 내 강점을 잘 알고 있을 때와 나도 내 강점을 잘 모르고 있을 때, 역량이 입체적으로 드러나는 정도는 다르다. 즉, 나의 강점은 면접관에게 어필하기 위한 나만의 세일즈 포인트라고 할 수 있다.

약점에 대한 대책도 필요하다. BEI는 이 사람이 어떤 사람인지 전반적인 캐릭터를 파악하는 목적을 가지고 있으므로, 강점뿐만 아니라 약점도 본다. 통찰력 있는 면접관은 잘한 것만 기록해 놓은 업무기술서에서도 약점을 찾아낸다.

- "이런 약점이 있었다니 저도 몰랐습니다. 어떻게 할지는 지금부터 생각해 보겠습니다."보다는,

- "이것이 저의 약점이라는 것은 인지하고 있으며, ~하게 개선할 계획입니다" 이쪽이 승진 후 역할수행을 잘할 가능성이 높다.

07

리더로서
준비가 안 된
대표 캐릭터 유형

리더로서 준비가 안 된
대표 캐릭터 유형

역량평가는 승진 후 직급에서 잘할 수 있는지를 평가한다. 현재 직급에서 잘할 수 있느냐, 지금까지 뭘 했느냐는 평가의 초점이 아니다. 이 세상의 모든 회사가 다 그렇지만, 직급이 올라갈수록, 뭐라 딱 부러지게 정의하기 힘든, 전례가 없는, 매뉴얼이 없는, 이걸 대체 어쩌라는 건지 막막한, 맨땅에 헤딩과 같은 업무를 맡게 될 확률이 점차 증가한다.

"아 몰라, 나는 매뉴얼 없으면 일 못해"와 같은 생각을 가진 사람이 조직의 상층부를 차지하고 있으면, 작게는 팀이나 부서가, 크게는 회사가 산으로 간다. 예시로 사무관 직급은 더 넓은 역할범위를 표상한다. 지금까지 주무관의 역할 수행에 익숙해져 있다고 하더라도, 여기서는 사무관이라는 새로운 옷을 입는 것이 필요하다. 인사정책의 관점에서 보면, 역량평가에서는 사무관으로서 준비가 안 된 사람을 걸러 내는 것을 목적으로 하기도 한다.

이 장에서는 리더로서 준비가 안 된 대표적인 캐릭터 유형과, 이것을 극복하고 새로운 옷을 입기 위한 행동지침을 살펴볼 것이다.

통합적 사고 능력 결여,
조금만 복잡해지면 정리가 안 됨

통합적 사고 능력이 결여되어 있으면, 자료가 조금만 복잡하게 제시되어도 머릿속에서 정리가 안 된다. 이러한 현상은 "복합적인 상황을 한 맥락으로 정리하기"를 요체로 하는 In-Basket 과제에서 두드러지게 나타난다.

통합적 사고 능력의 핵심 메커니즘이 무엇인지, 다음의 예시를 통해 살펴보자.

〈~~~에 대한 해결방안〉

(대안1) ~~~
(대안2) ~~~
(대안3) ~~~

3개의 정보가 제시될 때는, 이것을 듣고 기억하는 것이 어렵지 않다.

〈~~~에 대한 해결방안〉

(대안1) ~~~
(대안2) ~~~
(대안3) ~~~
(대안4) ~~~
(대안5) ~~~
(대안6) ~~~
(대안7) ~~~
(대안8) ~~~
(대안9) ~~~

9개쯤 되면, 뒤의 것을 들을 때 앞의 것은 잊혀진다. 단편적인 정보가 여럿 나열되면, 인간의 인지적 메모리 용량은 그것을 기억하지 못한다. 그뿐만 아니라, 기준점이나 축 없이 평면적으로 나열된 보고서는 어지럽고 정리가 안 되어 있는 느낌을 준다. 강조점이 없기 때문에 아이디어의 핵심을 전달하기도 어렵다. 이러한 상황을 해결하기 위해서는 9개의 대안을 같은 성격을 갖는 것끼리 묶어서 제시하면 된다.

〈~~~에 대한 해결방안〉

〈단기 대책〉	〈고객 측면〉
(대안1-1) ~~~	(대안1-1) ~~~
(대안1-2) ~~~	(대안1-2) ~~~
(대안1-3) ~~~	(대안1-3) ~~~
〈중기 대책〉	〈제도 측면〉
(대안2-1) ~~~	(대안2-1) ~~~
(대안2-2) ~~~	(대안2-2) ~~~
(대안2-3) ~~~	(대안2-3) ~~~
〈장기 대책〉	〈이해관계자 측면〉
(대안3-1) ~~~	(대안3-1) ~~~
(대안3-2) ~~~	(대안3-2) ~~~
(대안3-3) ~~~	(대안3-3) ~~~

3개씩 묶는 조직화 과정이 발전해서 목차가 된다. 목차의 본질은 현문해기현안, 문제점, 해결방안, 기대효과 두문자 암기가 아니라, **같은 것을 한 덩어리로 묶는 정리의 사고과정이다.**

그러므로 목차를 잘 뽑는 능력이

곧 통합적 사고 능력이라고 할 수 있다.

단편적/평면적 나열의 부작용을 방지하기 위해서는 정리가 필요하

역량평가의 본질

다. 정리가 필요하지 않다고 생각하면, 조직화를 하지 않게 된다. 예를 들어, 9개 정보를 평면적으로 나열한 보고서를 작성한 사람은 이 상황에 정리가 필요하지 않다고 판단한 것이다.

정말 정리가 필요하지 않을까?

"정리가 필요하지 않다고 생각하는 것"은 가치관이나 태도 차원의 문제이지, 지식이나 기술 차원의 문제가 아니다. 정말로 정리가 필요하지 않다고 믿는다면, "목차 뽑기 이것만 명심하자!!!", "합격자의 목차 비법"과 같은 지식 또는 기술을 익힌다고 해결될 문제가 아니다.

일상 생활의 다양한 장면에서도 정리는 필요하지 않다고 생각하는 가치관을 가지고 있으면, 책상도 정리가 안 되어 있고, 컴퓨터 문서의 파일 디렉터리도 정리되어 있지 않은 경우가 많다. 정리는 기준점을 설정해야 할 수 있고, 기준점을 설정하려면 생각을 해야 한다. 통합적 사고 능력을 향상하고자 한다면,

정리가 필요한데 정리가 안 되어 있는 것을 정리해 보면 된다.

"분명 집안 어디에다 뒀는데 못 찾겠네"와 같은 상황은 집안이 정리되어 있지 않을 때 발생한다. 정리가 되어 있으면, 내가 찾고자 하는 것을 찾을 수 있다. 무엇이 어디 있는지에 대한 인지적 도식이 내 머릿속에 있기 때문이다. 이것은 집안 물건들에 대한 통합적 사고 능력이 있는 상황을 표상한다. 소위 "큰 그림을 보는 능력"도 이러한 메커니즘과 일맥상통한다. 정리가 되어 있어야 큰 그림이 머릿속에 들어온다. 문서작성 작업에 있어서는 문서의 양을 늘릴 게 아니라, 문서를 조직화해 보면 된다. 요즘 유행하는 "Story telling"이라는 방법론도 핵심은 정리와 조직화에 관한 것이다.

통합적 사고 능력을 향상하는 또 다른 방법으로는, 특정 이슈와 관련된 기사들을 읽고, 다음과 같은 점을 생각해서 문서로 작성해 보면 된다.

"내가 담당자라면 어떻게 해결할까?"

특정 이슈가 XX부와 관련된 건이라면, "내가 XX부에서 해당 이슈를 담당하는 사무관"이라고 가정하고, 역량평가 PT 문서처럼 문서를 하나 만들어 보는 것이다. 해결책을 고안하려면, 더 궁금한 게 생길 수밖에 없다. 궁금증을 해결하기 위해 관련된 다른 자료를 찾아보면 생각이 확장된다.

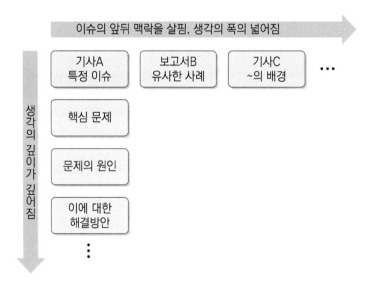

이러한 작업을 진행하려면 신문기사를 하나만 봐서는 안 된다. 한 가지 이슈에 대한 수많은 자료를 통합적으로 보는 과정을 통해 자연스럽게 조직화 작업이 진행된다. 내가 실제 담당자라고 상정하고 개선방

역량평가의 본질

안을 문서로 써 보면, 생각을 문서로 옮기는 표현기술이 발달한다.

　이러한 작업에는 시간이 오래 걸린다. 역량평가에서 자료파악과 문서작성을 하는 40분~60분 정도로는 턱도 없다. 며칠에 걸쳐서 이 작업을 하면 된다. 오늘 다 못하면 내일 또 하고, 이번 주에 다 못하면 다음 주에 또 하는 방식으로 진행하면 된다.

　　이때 유의점은 문서 output을 반드시 산출해야 한다는 점이다.

　읽기만 하고 쓰기를 안 하면 생각을 대충 하기 십상이다. 쓰기 output을 염두에 두고 읽기를 하면, 탐색적/과학적 사고를 안 할래야 안 할 수가 없다. 대충 읽으면 글이 안 써지기 때문이다.

　PT 과제, IB 과제가 40분 동안 자료파악과 문서작성을 하는 세팅이라고 해서, 40분에 맞춰 복사본 문제만 산더미처럼 쌓아 놓고 풀어 볼 것이 아니다. 진짜 필요한 것은 시간을 들여서 통합적 사고의 메커니즘을 익히는 것이다.

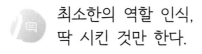

최소한의 역할 인식,
딱 시킨 것만 한다.

시뮬레이션 과제에서 수행해야 할 업무가 무엇인지 판단할 근거로, 상사의 이메일/상사의 업무지시를 살펴보는 경우가 많다. 상사의 지시사항이 무엇인지를 상황 파악의 지표로 삼는 것 자체는 문제가 되지 않는다. 문제는 상사의 이메일이 전부가 아니라는 점이다.

〈상사의 이메일〉

지시사항1. ~~~~~
지시사항2. ~~~~~

문자 그대로 딱 써진 것만 하고, 눈앞에 뻔하게 보이는 위기 상황에 대한 대책은 없다면, 다음과 같은 평가위원 질문이 제시될 확률이 매우 높다.

"(눈앞에 뻔하게 보이는) 위기 상황에 대한 대책은 왜 없죠?"

이런 상황에서 "안 시켰는데요"라고 대답할 것인가? 상사의 입장이 되어서 생각해 보자. 업무를 일일이 다 행동단위로 쪼개서 시킬 거면 아르바이트생 한 명 데려다 놓고 하는 것이 합리적이다. "간부"리더씩이나 되는 사람이 굳이 존재할 이유가 없다.

매뉴얼이 없는 위기 상황에는 모호한 영역이 늘어나기 마련이다. 객관식 단답형처럼 딱 써진 것만 조치한다면 할 일이 별로 없을 수도 있다. 역량평가 시뮬레이션에서는 평화로운 상황보다는 위기 상황이 모

역량평가의 본질

사되는 경우가 많다. <3장 3절 역량평가의 본질은 상위 직급 시뮬레이터>에서 설명한 바와 같이, 평화로운 상황보다 위기 상황에서 역량이 더 잘 드러나기 때문이다. 그런데, 위기 상황에서는 일상적인 상황보다 책임소재가 모호한 영역이 더 넓어지기 마련이다.

<일상적인 상황>

책임소재가 명확한 영역	**책임소재가 모호한 영역**

<위기 상황>

책임소재가 명확한 영역	**책임소재가 모호한 영역**

따라서 위기 상황을 모사한 역량평가 시뮬레이션에서는 적극적인 역할 인식이 필수적이다. 최소한의 역할인식은 다음과 같은 몇 가지 유형으로 나타난다.

① 한 발짝 물러난 관전자

In-Basket 현안업무 처리 방안	
• 업무A는 X팀이 할 것임 • 업무B는 Y부가 할 것임 • 업무C는 Z협회가 할 것임 **(숨겨진 의미) 우리 팀은 아무것도 안 함**	• 업무A는 X주무관이 할 것임 • 업무B는 Y팀원이 할 것임 • 업무C는 Z산하기관이 할 것임 **(숨겨진 의미) 나는 아무것도 안 함**

나는 마치 응원단장 같은 포지션이 된다. 이러한 기획안은 다음과 같은 뉘앙스를 풍긴다.

"잘 됐으면 좋겠어, 모두 힘내, 화이팅!"

② 모두가 최선을 다해 줄 것이라는 지나치게 낙관적 기대

In-Basket 현안업무 처리 방안

- 협력기관 A가 자신의 일처럼 발 벗고 나서서 문제를 해결해 줄 것임
- 이해관계자 B가 엄청난 부담을 기꺼이 떠안아 줄 것임
- 부하직원 C가 나도 잘 모르겠는 해결책을 알아서 구체화하고 집행까지 다 할 것임

이러한 기획안에서는 불확실한 이해관계자의 반응을 모두 최선으로 설정해 놓고 문제에 접근하는 특징이 나타난다. 이에 대해, 다음과 같은 평가위원 질문이 주어질 확률이 높다.

"이해관계자 ~~~는 왜 이렇게까지 최선을 다해줘야 하죠?"

평소 업무생활에서 시키지 않는 것은 절대로 하지 않는 행동패턴을 가진 사람은 역량평가 시뮬레이션의 위기 상황에서도 딱 써진 것만 하는 행동을 보인다. 최소한의 역할 인식을 바꾸려면,

평소 업무생활에서 적극적인 역할수행을 해 봐야 한다.

행동을 통해 생각을 바꿔나가면 된다. 마음만 행동에 영향을 주는 것이 아니라, 행동도 마음에 영향을 준다. 마음과 행동은 일방향 관계가 아니라 양방향 관계이다.

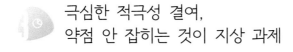

극심한 적극성 결여,
약점 안 잡히는 것이 지상 과제

　문서설명과 구두설명에 있어서, 자신의 생각과 의도를 가급적이면 숨기려 하는 행동패턴이 나타나는 경우도 있다. 예를 들어, 평가위원과의 상호작용에서는 다음과 같은 뉘앙스가 나타난다.

　　　"내가 무슨 생각을 하는지 평가위원이 모르게 해야지."

　대체로 이러한 행동은 감점받지 않기 위한 방어적인 동기로부터 비롯된다. 그런데, 역량평가에서는 독심술로 평가해 주지 않기 때문에, 자신의 생각을 드러내야 득점할 여지가 생긴다.

　　　"저분이 말씀은 안 하시지만
　　　눈치를 보아하니 분명한 기획의도가 있구나,
　　　그렇다면 높은 점수를 배점!"

　평가위원은 절대 이렇게 평가하지 않는다. 이렇게 점수를 주는 것은 원칙에 어긋난다. 문서설명 또는 구두설명으로 분명하게 제시된 것만이 평정의 대상이다.
　올림픽 체조 종목의 경우에는, 이상적인 동작이 미리 정해져 있고, 이것에서 어긋날 때마다 1점씩 감점이 되는 채점방식을 채택한다.

　　　그런데 역량평가에서는 이런 방식으로 채점이 이루어지지 않는다.

　평가대상자가 문제해결 상황에서 보여 준 (＋)요소와 (－)요소를 종합적으로 고려해서 채점이 이루어진다. 높은 역량을 표상하는 행동이 나타나면 점수가 더해지고, 낮은 역량을 표상하는 행동이 나타나면 점수가 깎인다. 예를 들어, "기획력", "의사소통" 역량을 표상하는 행동이 어떤 방식으로든 겉으로 드러나야 그것을 가지고 평가가 이루어진다.

따라서, 의식적이든 무의식적이든 **나의 생각과 의도를 숨기는 것은 득점에 있어서 도움이 아니라 해가 되는 행동이다.** 평정원칙에 따르면, 오류는 전혀 없지만 기획의도가 전혀 드러나지 않을 때 부여할 수 있는 점수는 0점이다. 아무 말도 안 했다면, 오류가 있을 리 없다. 비단 역량평가 인터뷰 상황뿐만 아니라, 현실의 보고 상황에서도 마찬가지이다. 의식적이든 무의식적이든 나의 생각과 의도를 숨기는 행동은, 다음과 같은 반응을 초래하기 마련이다.

"답답하군, 그래서 결론이 뭐야?"
"그래서 네 생각은 뭔데?"
"도대체 어쩌라는 거야?"

이러한 행동패턴은 다음과 같은 문서형태로 나타나기도 한다.

In-Basket 현안업무 처리 방안	
• 결정사항1	• 결정사항2
- 옵션1-1	- 옵션2-1
- 옵션1-2	- 옵션2-2
- 옵션1-3	- 옵션2-3

역량평가의 본질

모든 경우의 수를 평면적으로 나열해 놓고, 결론이 없는 보고서는 다음과 같은 뉘앙스를 풍긴다.

"상황은 이러하니 결정은 보고받는 분이 해주십시오."

어느 한쪽으로 선택을 해야 대안이 고도화된다.

평소 업무생활에서도 마찬가지이지만, 설령 내 선택이 윗선에서 바뀔 수 있다고 하더라도, 대안이 고도화되어 있어야 윗선에서 수정/보완을 할 수 있다. 보고자의 아이디어는 하나도 없이 맨바닥에 객관적 정보들만 나열되어 있으면, 해결책에 대해서는 보고 받는 사람이 처음부터 생각해야 한다. 많은 경우, 보고 받는 사람들은 이런 상황을 굉장히 힘들어한다.

자신의 생각과 의도를 가급적이면 숨기려 하는 행동패턴은 대체로 두려움이 많은 사람에게서 나타난다. 심리학자 Higgins는 조절초점이론self-regulatory focus theory에서 동기의 두 가지 초점을 제시하였다.

향상초점(promotion focus)	예방초점(prevention focus)
• (+)요소를 추구함	• (−)요소를 방지함
• 긍정적 결과에 민감	• 부정적 결과에 민감
• 접근전략으로 목표 달성	• 회피전략으로 목표 달성
• 변화를 선호	• 현상유지를 선호

예방초점prevention focus을 극도로 선호하게 되면, 약점 안 잡히는 것이 지상 과제가 되기 때문에, 문제해결의 적극성은 없어질 수밖에 없다. 두려움에 압도되면 역량은 발현될 수가 없다. 평소 업무생활에서도 예방초점을 극도로 선호하는 사람은 주변 사람들의 "답답함"을 초래한다.

이해관계자에게 끼칠 피해가 두려워 아무것도 결정하지 못하는 경우도 있다. 그런데, 정책 결정자는 누군가로부터 미움받는 것이 숙명이다. 이 세상에 모든 사람을 100% 행복하게 해 주는 정책은 없다. 누구에게도 미움받고 싶지 않다면, 정책을 결정하는 자리에 올라갈 마음의 준비가 안 된 것이다.

이 세상에 완벽한 의사결정은 없다.

완벽할 때까지 결정을 미룬다면, 결국 아무것도 결정하지 못하게 된다. 정책을 수행함으로써 얻게 되는 법익이 손실법익보다 크다면, 앞으로 나아가는 수밖에 없다. 이 세상의 모든 회사에서 다 그렇지만, 의사결정의 무게는 직급이 올라갈수록 무거워지기 마련이다.

장애요인을 고려하면서 개선방안을 실행하면, 역량이 드러난다. 장애요인이 존재한다는 이유로 개선방안을 실행하지 않는다면, 아무 일도 일어나지 않고 아무것도 드러나지 않는다. 역량평가에서는 아무것도 하지 않으면 0점을 얻는다. 감점을 피하기 위해 자신의 생각과 의도를 숨기는 행동은 결코 자신을 구원해 주지 않는다.

- (+)요소를 90 표현하고, (−)요소를 10 표현한 사람은 80점을 얻는다.
- (+)요소를 0 표현하고, (−)요소를 0 표현한 사람은 0점을 얻는다.

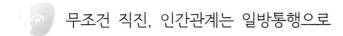

무조건 직진, 인간관계는 일방통행으로

민원인 또는 부하직원과의 관계에서 일방적인 의사소통만을 해 왔던 사람은 Role Play에서 큰 어려움을 겪을 가능성이 높다. 민원인 Role Play이든, 부하직원 Role Play이든, RP에서는 일방적으로 어떻게 안 되는 상황이 제시된다. 인간관계에서 일방성이 나타나는 이유는 크게 다음과 같이 두 가지로 나눠볼 수 있다.

① 상대방의 인생 또는 업무에 있어서 뭐가 더 좋은지, 본인보다 내가 더 잘 안다고 생각함

부하직원 또는 가족과의 의사소통에 있어서, 상대방의 인생에 무엇이 도움이 될지, 상대방 자신보다 내가 더 잘 안다고 생각하는 경우가 있다.

> "니 인생에 무엇이 도움이 될지는 너보다 내가 더 잘 안다.
> 나는 너보다 지혜롭고 더 올바른 판단력을 가지고 있다.
> 그러니까 묻지도 따지지도 말고, 엄마 말 들어."

상대방은 정말로 나보다 야만적이고, 무식하고, 지혜롭지 않을까?
상대방이 나보다 덜 지혜롭다는 신념에는 구체적인 근거가 있을까?
이런 고민을 해 보지 않는다면, 역량평가 Role Play를 통과하기는 매우 어렵다.

② 당위와 현상을 구분하지 못함

내가 생각하기에 윗사람 얘기는 다소 설득력이 떨어지더라도 수긍하는 시늉이라도 해야 한다. 그런데 나의 부하직원 녀석은 그렇지가 않다. 조금이라도 논리적 빈틈이 있으면 절대 수긍하지 않는다. 이 녀석이 이래서는 안 된다. 무엄하다!!!

내가 생각하는 당위	부하직원은 설득력이 떨어지더라도 내 말을 들어야 한다.
실제로 나타나고 있는 현상	부하직원은 설득력이 떨어지면 내 말을 듣지 않는다.

당위와 현상은 다르다.

내가 생각하는 당위와 다르게 나타난다고 해서, 현상이 존재하지 않는 것은 아니다. 부하직원을 설득하고 싶으면, 일단 현상을 인정해야 한다. 내 맘에 안 든다고 현상 자체를 인정하지 않으면, 그때부터는 답이 없다. 둘 다 괴로워지는 수밖에 없다.

게다가 "당위"라는 것은 원래 주관적인 것이다.

대책을 세우고 싶으면, 일단 존재하는 현상에 대해서는 인정을 해야 한다. 상당한 인명피해를 초래할 수 있는 쓰나미가 몰려오고 있는 상황을 생각해 보자. 쓰나미가 오면 몰려오면 안 되는 것은 당위이다. 쓰나미가 몰려오고 있는 것은 현상이다.

여기서 쓰나미에게 "니가 그러면 안 돼!"라고 선언한다면,
쓰나미는 "아, 그러면 안되겠군요, 저는 물러가겠습니다" 하고
물러갈까?

역량평가의 본질

내가 생각하는 당위	요즘 것들은 싸가지가 있어야 한다.
실제로 나타나고 있는 현상	요즘 것들은 싸가지도 없다.

"요즘 것들은 싸가지도 없어!"라고 내가 선언한다면,
요즘 것들의 싸가지가 생길까?

싸가지없는 요즘 것들이 내 맘에 드는지 안 드는지 여부는,
싸가지없는 요즘 것들의 존재 여부에 영향을 미치지 않는다.

내 맘에 들든지 말든지, 존재하는 현상은 현상이다. 부정해 봐야 나만 현실이탈 할 뿐이다.

"그럼 안 돼", "OOO 해야 돼"와 같은 신념이 많으면 많을수록 인간관계에서 의사소통은 안 되기 마련이다. "Must 신념"이 많은 사람은 가족, 연인, 친구와의 의사소통에서도 어려움을 겪는 것이 보편적이다. Role Play에서 죽을 쑨다면, 평소 나의 인간관계 패턴은 어땠는지 반추해 봐야 한다.

"나 때는 까라면 깠었는데, 지금은 그렇지 않은 세상이
되어 버렸어."
이렇게 한탄하는 경우도 있다.

권위주의

끼인 세대

평등주의

위로는 권위주의, 아래로는 평등주의, 끼인 세대의 위치에 처해 있다면, 그것은 개인적으로 억울한 일이다. 그런데 내가 억울하다고 해서,

아래 세대가 권위주의를 수용할 가능성은 없다. 나를 위해서 누군가가 자기 자신의 가치관을 바꾸는 일이 인생에서 일어날 확률은 지극히 희박하다. 역지사지로 나 자신을 생각해 보자.

나는 누군가를 위해 나 자신의 가치관을 바꾼 일이 있었는가?

부하직원이 무엄하다고 선언해 봤자, 부하직원에게 강요해 봤자, 나만 답 없는 꼰대가 될 뿐이다. 억울하다고 해도 현실은 현실이다. Must 신념이 많은 사람, 당위와 현상을 구분하지 못하는 사람이 조직의 상층부로 올라가면, 수많은 사람들이 도탄에 빠진다. 일방통행적 인간관계 패턴을 가지고 있는 사람이 리더가 되어서는 안 되는 이유가 바로 이것이다.

역량평가의 본질

역량평가의 본질
The essence of Assessment Center

08

본질로 돌아가는
역량개발

본질로 돌아가는
역량개발

역량평가는 역량을 평가하는 테스트다. 역량평가를 잘 보려면 잡기술이나 요령을 익힐 게 아니라 역량이 향상되어야 한다. 역량의 정의는 "일을 잘하는 사람의 일반화된 행동패턴"이기 때문이다. 그러므로 역량이 향상된다는 것은 평소에 일을 더 잘하게 된다는 것을 의미한다.

역량을 향상하고 싶으면, 평소에 일을 잘하면 된다.

역량평가를 둘러싼 모든 뻘짓은 다음과 같은 그릇된 믿음들로부터 비롯된다.

"역량평가는 평소 업무생활과는 아무런 상관없는
별개의 차원에 존재한다.
그러므로 역량평가를 잘 보는 것과
평소 업무생활에서 일을 잘하는 것은 전혀 상관없다.
평소 업무생활은 그대로 두고,
역량평가에만 통용되는 만능공식만 익히자."

평소 업무생활에서의 한계점은 그대로 두고, 역량평가만 선택적으로 잘 보는 것은 훨씬 더 어렵다. 그것보다는 평소 업무생활에서의 한계점도 개선하면서, 그 결과 역량평가도 잘 보는 것이 차라리 더 쉽다. 이 장에서는 본질적인 역량개발을 가로막는 보편적인 신드롬으로는 무엇이 있는지, 본질적인 역량개발을 위해서는 무엇을 할 수 있는지를 살펴볼 것이다.

"시간 없다" 신드롬

많은 응시자들이 짧은 제한시간을 가장 큰 압박으로 여긴다. 깊게 생각하기는 주어진 시간이 너무 짧기 때문에 애초에 불가능하다고 간주하고 접근하는 경우가 많다.

(1) **짧은 제한시간 내에** (2) **깊게 생각하기**가 역량평가의 핵심이라고 할 수 있다.

그런데 많은 경우 "깊게 생각하기"는 접어두고 "짧은 제한시간"에만 집착한다. 사실 이것은 깊게 생각하기를 안 하기 위한 변명에 가깝다. 과연 시간여유가 충분했을 때는 다음과 같은 것들을 했었는지 생각해 볼 필요가 있다.

- 깊게 생각하기
- 정보 간의 연계성을 생각하기
- 의미가 구체적이며 실천력 있는 시행안 만들기
- 주체와 목적이 분명해서 독자 입장에서 이해하기 쉬운 문서 쓰기
- 상대방 입장에서 상황을 파악하기 등등

원래 깊게 생각하는 행동패턴을 가진 사람은, 어떠한 상황에서도 깊게 생각하려는 성향을 나타낸다. 상황이 열악하거나 급박할 때도 마찬가지다. 어떻게 해서든 상황을 돌파하려는 성향을 보인다.

원래 얕게 생각하는 행동패턴을 가진 사람은, 어떠한 상황에서도 얕게 생각하려는 성향을 나타낸다. 상황이 여유롭고 평화로울 때도 마찬가지다. 시간이 많으면 "시간 많으니까 다음에 생각하자"라고 미루고 안 한다. 시간이 없으면 "시간 없으니까 어차피 못하겠다"라고 포기하고 안 한다. 결국 언제나 얕게 생각한다.

짧은 제한시간에도 불구하고, 그 한계 내에서 최대한 깊게 생각하는 사람은 실제 세계에 존재한다. 모든 사람이 열악하거나 급박한 상황에서는 깊게 생각하기를 포기할 것이라 상정한다면, 나를 기준으로 하는 과도한 일반화일 수도 있다. 세상은 넓고 인간은 다양하다.

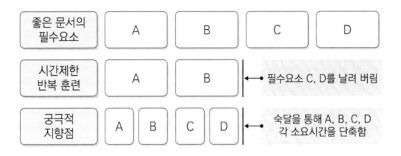

좋은 문서의 필수요소로 A, B, C, D가 있다고 가정해 보자. 역량평가 세팅예: PT, IB 과제 40분과 똑같은 시간제한으로 문서를 쓰면, 보통 C와 D를 날려 버리기 마련이다. 40분 시간제한으로 100개의 과제를 가지고 100번 연습을 해도 마찬가지이다. 절대로 C와 D까지 포함한 바람직한 문서를 산출하지 않는다.

궁극적으로 도달해야 하는 지점은 A, B, C, D 각각의 요소에 들어가는 시간을 단축함으로써, 모든 필수요소를 포함한 바람직한 문서를 산출하는 것이다. 궁극적 지향점에 도달하기 위해서는 다음과 같이 두 단계로 나누어서 작업이 이루어져야 한다.

1단계 시간무제한	시간제한을 두지 않고 필수요소를 모두 포함한 문서를 작성함
2단계 시간제한	숙달하기 + 불필요한 내용 생략 필수요소를 제한시간 내에 모두 담아내도록 문서를 작성함

처음부터 시간제한을 두면, 원래부터 "깊게 생각하기" 행동패턴을 가지고 있지 않은 사람은 절대로 깊게 생각하지 않는다. 시간이 있을 때도 깊게 생각을 안 했었는데, 시간이 없는 상황에서 깊게 생각할 리가 없다.

1단계 시간무제한	깊게 생각하는 행동패턴을 만들고 안착시키기
2단계 시간제한	생각한 바를 짧은 제한시간 내에 출력하는 연습

시작부터 2단계에만 초점을 맞추면, 깊게 생각하기는 처음부터 포기하고 들어가는 것이다. 1단계를 생략한 채 2단계를 100번 하더라도 생각의 깊이는 1도 깊어지지 않는다.

수행	예시
• 깊이 생각하지 않기 • 의미 구체화하지 않기 • 주체와 목적이 불분명한 문장 쓰기	• MOU, 교육, 홍보, TFT, 협의체, 지원금, 보조금, 인식개선 등등 • 해결책이 상황 맥락과 동떨어져 있음

많은 응시자들이 역량평가에서 위와 같은 수행을 할 수밖에 없는 이유를 다음과 같이 설명한다.

"시간이 없어서요."

이런 행동을 하는 사람들은 대체로 시간 여유가 있을 때도 똑같은 행동을 한다.

진짜 원인	가짜 원인
• 평소에도 그렇게 하니까 • 자연스러운 default 행동패턴이기 때문에	• 시간이 없어서

시간 있을 때도 하는 자연스러운 default 행동패턴이 나오는 것인데, 이것의 원인을 시간이 없기 때문이라고 오해한다. 평소에 생각하기 싫어하는 사람은 시간 여유가 있어도 생각하지 않는다. 즉, 생각의 한계에 부딪혔을 때 어떤 선택을 하느냐에 따라 자연스러운 default 행동패턴이 달라진다.

평소 업무생활	생각의 한계1	포기 or 돌파	→ 포기 선택
	생각의 한계2	포기 or 돌파	→ 포기 선택
	생각의 한계3	포기 or 돌파	→ 포기 선택
	…	…	…
	생각의 한계N	포기 or 돌파	→ 포기 선택
역량평가	**생각의 한계**	**포기 or 돌파**	**→ 포기 선택**
개선의 방향성	**생각의 한계**	**포기 or 돌파**	**→ 돌파 선택**

생각의 한계에 부딪힐 때 매번 포기를 선택했다면, 역량평가 장면에서도 포기를 선택하는 것이 자연스럽다. 평소 업무생활에서는 매번 포기를 선택했지만, 역량평가 장면에서만 예외적으로 돌파를 선택할 것이라는 기대는 초현실적이다. 인간은 그런 식으로 행동하지 않는다.

생각의 한계를 돌파하고 싶으면, 평소 업무생활에서 마주치는 장면 1~N에서 돌파를 선택하면 된다. 개선의 방향성은 포기와 돌파의 갈림길에서 돌파 행동을 선택해 보는 것이다. 시간이 있을 때 생각의 한계를 돌파해 봐야, 시간이 없을 때 생각의 한계를 돌파하는 행동을 선택

할 가능성이 있다. 시간이 넘쳐날 때도 안 하던 행동을 시간에 쫓기는
상황에서 할 리가 없다.

연습 때 시뮬레이션 해 봐야 하는 것은
생각의 한계를 돌파하기지, 시간에 쫓기기가 아니다.

"모르는 건 못 푼다" 신드롬

많은 역량평가 응시자들이 이번에 출제될 과제의 소재예: 문화, 관광, 축제, 무역, 의약품, 건설, 스포츠, 환경 등등를 예측하려고 애쓴다. 이것을 예측하려 하는 이유는 낯선 소재가 출제되었을 때 문제를 풀어내지 못할 것이라는 두려움 때문이다. 즉, 다음과 같이 생각한다.

• 잘 아는 소재 • 익숙한 소재	• 잘 모르는 소재 • 낯선 소재
→ 잘 풀 수 있음	→ 풀 수 없음

정말 소재를 잘 알면 잘 풀 수 있을까?

실제 사례에 비추어 생각해 보면, 축제 전문가가 축제에 관한 과제가 출제되었음에도 불구하고 저조한 성적을 받는 경우는 분명히 존재한다. 반대로 축제에 대해서 전혀 전문지식이 없는 사람이 축제에 관한 과제가 출제되었음에도 불구하고 고득점을 받는 경우도 분명히 존재한다. 주변을 살펴보면 이런 사례를 발견하는 것은 그다지 어렵지 않다. 사례의 N수가 결코 적지 않기 때문이다.

그뿐만 아니라, 과제를 읽을 당시에는 내용이 어렵다고 느껴지지 않았으나, 평가위원 질문을 듣는 순간 과제를 얼마나 제대로 이해하지 못했는지 "허걱" 하는 경우도 허다하다.

어렵게 느껴지는 정도(체감)	실제 난이도
• 소재, cover story와 같은 표면만을 보았을 때 느껴지는 친숙함의 정도	• 갈등구조의 복잡성 • 정보제시의 복잡성 • 현상과 근본원인 간의 논리적 거리 • 근본원인이 깊이 있게 숨겨져 있는 정도

소재가 친숙한 것과 구조가 간단한 것 간에는 아무런 상관이 없다. 소재는 친숙한데 구조는 복잡할 수 있고, 소재는 낯선데 구조는 간단할 수 있다. 많은 경우 전자의 과제를 보았을 때 쉽다고 느껴지는 이유는 소재의 친숙함을 구조의 간단함으로 착각하기 때문이다. 낯선 소재에 대한 두려움만 없다면, 오히려 후자 쪽의 과제가 훨씬 해결하기 쉽다. 이는 다시 말해, 소재에 대한 친숙함과 성적 간에 비례 관계가 성립하지 않는다는 것을 의미한다.

역량평가는 지식평가가 아니기 때문에, 보편적 상식을 가지고 있는 인간이라면 읽어 보고 이해할 수 있도록 자료가 제시되는 것이 원칙이다. 각주가 나오든 설명이 나오든, 어떤 식으로든 읽으면 이해할 수 있게 자료가 제시된다. 역량은 지식과는 다른 차원의 개념이기 때문에, 본래부터 보유하고 있었던 지식의 여부에 따라 당락이 좌우되어서는 안 된다. 그러므로 역량평가의 자료는 보편적 상식을 보유하고 있는 인간이 읽으면 이해할 수 있도록 제시된다. 인사정책의 관점에서 볼 때 특정 분야에 대한 전문지식을 평가하고 싶다면, 역량평가가 아닌 다른 방법론을 사용해야 한다. 그러므로 축제에 대해 전문지식이 전혀 없는 사람이 축제를 소재로 하는 과제가 출제되었을 때 고득점을 받을 수 있는 것이다.

소재에 대한 친숙함이 선입견으로 작용하여 오히려 시험을 망치게 되는 경우도 존재한다. 축제 전문가가 축제에 관한 과제가 출제되었음에도 불구하고 저조한 성적을 받는 경우가 이에 해당한다. 시뮬레이션에서는 축제의 모든 것을 다루지 않는다. 다룰 수도 없다. 시뮬레이션에서는 축제라는 광대한 분야와 관련된 특정한 이슈와 장면을 다룬다. 그뿐만 아니라 시뮬레이션에서는 현실과 약간 다르게 현실을 편집해서 제시할 수도 있다.

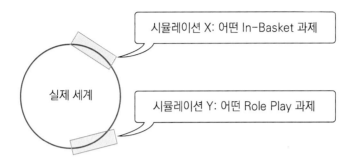

따라서, 올바른 문제해결을 위해서는 기존에 보유하고 있던 지식, 선입견에서 벗어나 시뮬레이션을 있는 그대로 받아들일 필요가 있다. 선입견을 투사하면 문제해결은 산으로 간다. 본래 가지고 있던 선입견을 마구 투영해 놓고, 평가위원의 질문을 듣는 순간 주어진 시뮬레이션과 얼마나 동떨어진 해결책을 제시하였는지 "허걱" 하는 경우도 허다하다.

그렇다면 소재의 낯섦 자체가
문제해결을 불가능하게 만드는 요인은 아니다.
실제로 문제해결을 못하게 가로막는 것은
"모르는 건 못 푼다"라는 신념이다.

낯선 소재가 출제되었음에도 불구하고 침착하게 문제해결을 하는 사람들은 대체로 다음과 같은 사고패턴을 가진다.

"모르는 게 나왔네. 그럼 지금부터 알면 되겠다."

낯선 소재가 출제되면 즉시 침착함을 잃는 사람들은 대체로 다음과 같은 사고 패턴을 가진다.

"모르는 게 나왔네. 더 해 볼 것도 없다. 나는 이미 망했다."

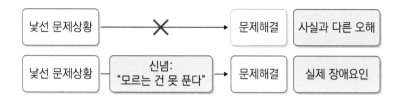

두 가지 사고패턴을 가르는 심리학적 요인은 학습지향성learning orientation과 경험에 대한 개방성openness to experience이다.

- 학습지향성learning orientation: 새로운 지식을 습득하는 활동연구와 학습을 선호하는 정도
- 경험에 대한 개방성openness to experience: 새롭고 다양한 경험특히 지적인 경험들에 대한 활동 경향성 및 자유롭게 사고할 수 있는 능력

학습은 어떤 회사에서, 어떤 위치에서, 무슨 직무를 하든 필요하다. 새롭고 낯선 모든 것을 배격하고 학습하지 않으면서 할 수 있는 직업은 이 세상에 없다. 우리가 지금 알고 있는 모든 것을 태어날 때부터 알았던 것은 아니다. 인생의 어느 시점에서든 학습한 것이다. 학습은 인간이라는 종의 생존 본질이다. 학습하지 않는 인간은 어떠한 업무도 잘하기 어렵다.

모르는 것만 나오면 즉시 "망했구나"라는 생각이 먼저 든다면, 7장 1절의 작업특정 이슈에 대해 "내가 해당 부서의 담당자라면 어떻게 해결할까"의 접근법으로 해결책을 고안해, 문서로 작성해 보는 작업을 할 때 일부러 모르겠는 것, 낯선 것을 선택하면 된다. 모르는 지식을 축적하는 것이 초점이 아니라,

역량평가의 본질

낯선 것에 대한 두려움을 극복하는 것이 핵심이다. 즉, 학습지향성과 경험에 대한 개방성을 신장하는 것이다.

> "이번에 출제될 것으로 예상되는 소재에 대해서는
> 완벽하게 알아야겠다."

이런 식으로 지식을 축적해 봐야 세상은 넓고, 지식은 무한대이며, 지금도 새로운 지식이 만들어지고 있기 때문에, 무엇인가에 대해 완벽하게 안다는 것은 원시적으로 불가능하다. 지식 축적은 결코 대책이 될 수 없다.

지식, 기술 vs. 가치관, 태도

많은 응시자가 역량평가와 관련하여 맞닥뜨리는 모든 문제를 기술 skill 차원의 문제라고 생각하는 경향을 갖고 있다.

"기술을 익히면 문제를 극복할 수 있다.
내가 문제를 극복하지 못하는 이유는 기술이 부족하기 때문이다."

실제로 많은 경우, 맞닥뜨리는 문제의 상당 부분은 기술skill이 아니라, 세계관 또는 태도attitude와 관련되어 있다. 실제 문제해결은 특정한 기술을 요하지 않으며, 문제에 접근하는 태도가 바뀌면 자연스럽게 해결되는 경우가 많다. 개인의 가치관과 밀접하게 관련되어 있는 대표적인 역량으로 "품질지향"과 "고객지향"을 예로 들어보자.

역량	정의	
품질지향	맡은 일에 있어서 매우 꼼꼼하게 세부사항을 점검하며, 오류가 있는 부분을 찾아 완벽한 마무리를 지향하는 역량	
평소 업무생활	꼼꼼함 or 꼼꼼하지 않음	→ 꼼꼼하지 않음 선택
	꼼꼼함 or 꼼꼼하지 않음	→ 꼼꼼하지 않음 선택
	꼼꼼함 or 꼼꼼하지 않음	→ 꼼꼼하지 않음 선택
	...	...
	꼼꼼함 or 꼼꼼하지 않음	→ 꼼꼼하지 않음 선택

현실의 업무생활에서 마주치는 모든 선택의 기로에서 꼼꼼하지 않음을 선택했다면, 역량평가에서만 예외적으로 꼼꼼함을 선택할 리가 없다.

역량	정의	
고객지향	업무와 관련된 내/외부 고객의 요구사항을 정확하게 이해하고, 고객에게 최상의 가치를 제공할 수 있도록 노력하는 역량	
평소 업무생활	친절함 or 불친절함	→ 불친절함 선택
	친절함 or 불친절함	→ 불친절함 선택
	친절함 or 불친절함	→ 불친절함 선택
	...	...
	친절함 or 불친절함	→ 불친절함 선택

　　현실의 업무생활에서 마주치는 모든 선택의 기로에서 불친절함을 선택했다면, 역량평가에서만 예외적으로 친절함을 선택할 리가 없다.
　　꼼꼼함, 친절함이 바람직하다는 것을 몰라서 안 하는 사람은 없다. 바꾸어 말하면, 안다고 실천하는 것은 아니다. 이에 대한 흔한 변명은 다음과 같다.

"바쁘기 때문에 꼼꼼할 수가 없어요."

　　꼼꼼한 사람은 대가가 없어서 꼼꼼함을 선택하는 것이 아니라, 대가를 지불하고 꼼꼼함이라는 가치를 추구하는 것이다. 지식을 알게 되거나, 기술을 익힌다고 꼼꼼해지지 않는다. 꼼꼼함이라는 행동패턴은 비밀의 지식이나 대단한 기술을 바탕으로 이루어지는 것이 아니다. 이것은 오히려 가치관과 태도 차원의 문제이다. 현실 업무생활에서 마주하는 다양한 선택의 기로에서, 기꺼이 대가를 지불하고 꼼꼼함을 선택해야만 품질지향 역량이 향상될 가능성이 있다.

why 사고

본질적인 역량개발을 위해서는 "why 사고"가 필수적이다. 그 이유를 다음의 예시를 통해 살펴보자.

- 2019년에 OO사업을 했음
- 2020년 OO사업 기획안을 만들어야 함
  * 그 사이에 중대한 상황 변경이 있었음

상황 변경을 고려하지 않고, OO사업을 왜 해야 하는지 생각하지 않고, 2019년의 기획안을 복사해서 붙여 넣기 하면, 할 필요가 없는 사업계획을 만들 수 있다. 뻘짓을 방지하기 위해 최초에 생각해 봐야 했던 질문은 다음과 같다.

"OO사업은 왜 하지?"

이것을 생각하지 않고, "위에서 시켰으니까", "달력에 적혀 있으니까"와 같은 단편적인 사고로 일처리를 하면, 원인이 없는 사업을 함으로써 안 그래도 바쁜 많은 사람들을 도탄의 구렁텅이로 밀어 넣을 수 있다. 문제가 생기면 2020년에 OO사업을 시행하는 도중 모든 것을 갈아엎어야 할 수도 있다. 실제 업무세계에서는 이러한 일들이 일어난다.

역량평가는 이러한 행동패턴을 가진 사람이 조직의 상층부로 진입하는 것을 막는 역할은 한다. 이 세상의 여느 회사에서나 마찬가지지만, 일을 잘하는 사람들은 "why"에 집중하는 성향을 나타낸다.

모든 역량평가 과제는 "왜"라는 궁금증을 바탕으로 문제해결을 할 수 있도록 설계된다. 그렇기 때문에 평가위원 인터뷰에서도 "왜"라는 질문의 쓰나미가 쏟아진다. 왜 이런 조치를 취하는지, 이 조치는 문제의 근본원인과 어떻게 맞닿아 있는지 생각을 안 하고, 오늘만 대충 수습하기 위해 MOU, 교육, 홍보, TFT, 협의체, 지원금, 보조금, 인식개선 등등을 때려 넣었다면, 평가위원 인터뷰에서 식은땀을 뻘뻘 흘리게 될 수밖에 없다. 본질적인 역량개발을 위해서는 "why 사고"를 활성화해야 한다.

> "OO사업 내년에 왜 또 하는지 1도 궁금하지 않아.
> 작년 거 복붙해서 오늘만 대충 수습하자."

이러한 사고패턴을 평소 업무생활에서 바꾸지 않는다면, 역량평가를 통과할 가능성은 없다.

그룹 스터디할 때 유의점

많은 응시자들이 그룹 스터디 형태로 역량평가를 준비한다. 그룹 스터디는 "하면 무조건 좋은", "뭐라도 도움이 되는" 것은 아니다. 잘못된 방법론을 공유함으로써 스터디원 모두를 공멸하게 만드는 스터디도 많다. 스터디원 모두가 합격하거나, 스터디원 모두가 전멸하는 그룹을 어렵지 않게 찾아볼 수 있다. 다음과 같은 경우에는 하나마나 한 것이 아니라0의 효과, 함으로써 오히려 해가 된다마이너스의 효과.

- 스터디원들의 역량평가에 대한 이해 수준이 낮을 때
- 스터디원들의 역량평가에 대한 오해가 심각할 때
- "카더라"에 갈대같이 흔들리는 스터디원이 많을 때
- 많은 양의 과제를 풀어보는 데 스터디의 초점이 맞춰질 때
- 스터디 자체가 목적일 때참가에 의의를 둠, 마음 편하려고, 거절을 못해서 등등
- 상처받을까 봐, 서로 눈치 보느라, 의아한 점이 있어도 서로 피드백하지 않을 때

다른 사람의 기획안을 보았을 때, 의아한 점이 있는데도 질문을 하지 않는 이유는 대체로 다음과 같다.

"나도 잘 못하면서 뭘 꼬치꼬치 캐묻냐."

서로서로 눈치를 보는 그룹 스터디 분위기와는 다르게, 평가위원 인터뷰에서는 의아한 점이 있으면 가차 없이 물어본다. 그냥 물어보는 정도가 아니라 정신이 혼미해질 때까지 독사처럼 물고 늘어진다.

그룹 스터디는 기분 좋자고 하는 것이 아니라, 합격하기 위해서 하

역량평가의 본질

는 것이다. 상대방의 기획안에 의아한 점이 있으면 서로서로 물어봐 주어야 한다. 그것이 상대방을 돕는 길이다. 의아한 점에 대한 비평을 듣고, 이것을 논리적으로 실천적으로 보강하는 과정을 통해 역량이 향상된다. 질문을 받는 입장에서도 질문은 공격이 아니라 서로를 돕기 위함이라는 합의가 이루어져야 한다. 상처받을 일이 아닌 것이다.

그룹 스터디는 (+)가 아니라 (−)요인이 될 수 있다. 스터디원의 역량평가에 대한 이해수준이 낮은 것 같으면, 같이 안 하는 편이 낫다. 이러한 경우에는 현문해기현안, 문제점, 해결방안, 기대효과 두문자 암기, 정형화된 공식에 끼워 맞추기 같은 나쁜 습관만 생김으로써, 합격 확률이 오히려 떨어진다. 역량평가의 메커니즘에 대한 스터디원들의 이해 수준이 낮다면, 그룹 스터디는 도움이 아니라 해가 된다는 점을 명심해야 한다.

피드백리포트를 뜯어보고 살펴보자
(이미 응시 경험이 있는 경우)

역량평가가 끝나면 보편적으로 피드백리포트feedback report라는 것을 이메일로 받게 된다. 피드백리포트는 해당 역량평가에서 평가대상자의 수행을 평가위원이 관찰, 기록, 평정한 것을 요약한 자료이다.

피드백리포트는 과제별 또는 역량별로 평가대상자가 나타낸 주요한 행동패턴을 담고 있기 때문에, 매우 유용한 정보이다. 피드백리포트의 본래 목적은 평가대상자의 향후 역량개발에 도움을 주기 위함이다. 따라서 이미 응시 경험이 있는 다회차 응시자의 경우에, 피드백리포트는 다음 시험을 준비하기 위한 매우 가치 있는 자료라고 할 수 있다. 비슷한 내용의 코멘트가 반복적으로 나타날 경우, 이것은 매우 강력한 행동패턴이자 약점이라고 할 수 있다.

Presentation	제약조건에 대한 고려가 부족해 대안의 실효성이 보장되지 못함
In-Basket	대안이 현실적이지 못해 실제 문제해결에 이르지 못함

예를 들어, PT, IB 리포트 모두에서 "현실성"의 이슈가 제기되었다면, 평소 업무생활에서 현실적이지 않은 실행계획을 세우는 행동패턴을 가지고 있는지 검토해 보아야 한다.

예시

2016년 "의사소통" 역량	의사소통이 다소 일방적이고 자신만의 입장을 고수하려 함

2017년 "의사소통" 역량	상대방의 입장에 대한 배려가 부족하고 무리한 주장을 밀어 붙임

여러 차례의 역량평가에서 모두 "일방성"의 이슈가 제기된 경우도 마찬가지로, 평소 업무생활에서 일방적인 의사소통 패턴을 가지고 있는지 검토해 보아야 한다.

많은 경우, "몇 점 나왔네" 정도만 훑어보고선 피드백리포트의 존재 자체를 잊어버리고, 다음 시험은 그전 시험에서의 수행과 별도로 준비하는데, 이것은 그다지 효율적인 방법은 아니다. 상식적인 수준에서만 생각해 봐도, 다음번에 잘하기 위해서는 그전에 무슨 뻘짓을 했었는지 분석해 보는 것이 필수적이다. 비단 역량평가뿐만 아니라, 인간의 모든 학습에서는 **reflection**이 **핵심이다.** 그런데 피드백리포트가 중요한지 알면서도 안 보는 경우는, 대체로 다음과 같은 마음 때문이다.

"안 좋은 추억을 다시 꺼내 봄으로써,
마음의 상처를 받고 싶지 않다.
그전의 수행은 망각해 버리자."

있는 그대로 자기 자신의 모습을 직시해야만 앞으로 나아갈 가능성이 있다. 회피하고 외면하면 답이 없다. 하기 쉬운 것, 마음에 부담이 없는 것, 간편한 것만 해서는 지금 있는 곳에서 한 치도 앞으로 나아갈 수 없다. **하기 싫은 것, 마음에 부담이 큰 것, 어려운 것을 해야 성장할 수 있다.**

만약 피드백리포트를 안 가지고 있다면, 보편적으로 역량평가가 끝나고 1주일 내외에 이메일로 보내 주기 때문에, 예전의 이메일을 뒤져 보면 된다. 이메일도 없다면, 중요한 인사자료이기 때문에 주무부서는 보통 몇 년간 피드백리포트를 보관한다는 점을 참고하기 바란다.

특강
01

글쓰기 특강
- 이것만은 조심하자

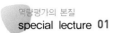

글쓰기 특강
− 이것만은 조심하자

글쓰기와 생각하기는 서로 영향을 주고받는 feedback loop의 관계
이다. 글쓰기가 늘면 생각하기가 늘고, 생각하기가 늘면 다시 글쓰기가
는다. 역사적인 관점에서 보면, 인간의 모든 사유는 글을 통해 발전해
왔다. 글쓰기는 고대로부터 지성과 유능함의 상징이었다. 꼭 역량평가
가 아니더라도 글을 잘 쓰게 된다면 그 자체로 좋은 일이다.

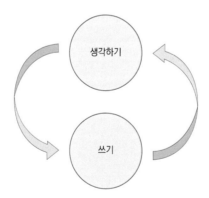

간혹 "글은 조금만 써 놓고 말로 잘 설명하자"라는 생각으로 IB, OP
과제의 문서를 대충 쓰는 응시자가 있는데, 이것은 매우 무모한 시도

이다. 글이 잘 쓰여 있어야 말도 잘 나온다. 글을 잘 썼다는 것은 생각이 잘 정리되었다는 것을 의미한다. 생각이 잘 정리되어 있어야만 말이 잘 나온다. 글은 대충 쓰고 말로 잘 설명하는 것은 현실에서 구현하기 매우 어렵다.

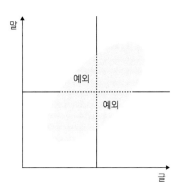

생각은 나한테 유리한 쪽으로 보정 효과가 있다. 뭔가 괜찮은 것 같은 생각의 파편들이 머릿속을 떠다닌다고 하더라도, 평가위원의 집요한 질문 공세에는 어버버 하는 경우가 많은 것은 이와 같은 이유 때문이다. 글은 대충 썼는데 말은 잘하는 것은 어디까지나 예외적인 경우이다. 예외적인 경우를 준비전략으로 삼는 것은 무모하다. 추구해야 할 방향성은 글도 잘 쓰고 말도 잘하는 것이다. 이 장에서는 글쓰기에서 나타나는 가장 보편적인 실수 패턴들과 이에 따른 대응책을 살펴볼 것이다.

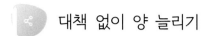

대책 없이 양 늘리기

   뭐가 중요한지 판단을 못했는데 뭐라도 적어야 한다는 급한 마음에 아무 말이나 문서에 때려 넣는 것보다는, 시간을 투자해서라도 생각을 정리하는 편이 낫다. 텍스트의 양이 많다고 쓸모 있는 것을 기록한다는 보장은 없다.

   기능은 같고 용량만 다른 두 개의 프로그램이 있다. 어느 쪽이 더 좋은 프로그램일까?

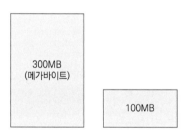

"300MB짜리가 더 좋은 프로그램입니다."

   이렇게 생각한다면 착각이다. 이런 착각에는 다음과 같은 전제가 숨어 있다.

"300MB짜리 프로그램은 100MB짜리 프로그램보다
뭐라도 기능이 낫겠지."

   "두 프로그램의 기능은 같다"라고 분명한 정보가 제시되어 있다. 300MB짜리 프로그램은 100MB짜리 프로그램보다 기능이 더 많을 때

                        역량평가의 본질

더 좋은 프로그램일 수 있다. 기능이 같다면 용량이 더 작은 프로그램이 더 좋은 프로그램이다.

같은 맥락에서 똑같은 양의 정보를 전달한다면, 짧은 문서가 긴 문서보다 좋은 문서이다. "긴 문서는 짧은 문서보다 뭐라도 정보가 많겠지" 착각하기 때문에, 쓸모없는 아무 말을 집어넣어서 문서의 양을 늘리려는 무의미한 행동이 나온다. 콘텐츠는 없는데 텍스트의 양만 늘어나면, 오히려 정보 전달에 방해가 된다. 살다 보면 텍스트의 양은 많은데 도무지 무슨 얘기를 하고 싶은 것인지 이해하기 어려운 문서를 읽을 때가 있다. 대체로 이런 문서는 콘텐츠는 없는데 텍스트의 양만 늘리려 하기 때문에 만들어진다. 듣는 입장 또는 읽는 입장에서 생각해 보자. 너무 많은 내용을 언급하면, 도대체 무슨 얘기를 하고 싶은 것인지 분별하기 어려워진다.

모든 문장에 아름답고 바람직한 미사여구를 때려 넣는 것을 전형적인 예로 들 수 있다. 당연하고 훌륭한 얘기는 할 필요가 없는 얘기이다. 문제는 그 훌륭함을 어떻게 구현하느냐에 달려 있다. 이런 문서를 만드는 것은 역량평가 고득점에 도움이 되지 않는다. 텍스트의 양은 콘텐츠의 실천력, 생각의 깊이를 보장하지 않는다.

미사여구 또는 텍스트의 양으로 현혹할 수 있는 대상은 콘텐츠에 대한 이해도가 얕은 경우에 한정된다. 평소에도 문서의 양이 많은 것을 미덕으로 생각해서 장황하게 문서를 쓰는 습관을 가지고 있다면, 내용 없는 수식어는 전부 다 잘라 내야 한다. 콘텐츠의 양과 질은 비례하지 않는다.

시작하자마자 무엇인가 뚜다다 타이핑하기

"시험장에서는 시작하자마자 누군가 뚜다다 타이핑하는 소리에
마음이 조급해집니다."

많은 응시자들이 이러한 고충을 토로한다. 시작하자마자 뚜다다 타이핑하는 것은 뻘짓일 확률이 매우 높다. 뭘 써야 할지 생각도 하기 전에 무엇인가를 쓴다는 의미이기 때문이다. 무엇이 중요하고 무엇이 중요하지 않은지 생각도 하기 전에 쓸 수 있는 것은 다음과 같다.
– 과제의 내용을 현황에 그대로 옮겨 적기
– 과제의 내용과 상관없이, 미리 암기해 놓은 것을 기록하기

이런 것이 쓸모 있는 콘텐츠로 작용할 확률은 거의 없다. 과제의 내용을 파악도 하기 전에 미리 암기해 놓은 무엇인가가 의미 있는 콘텐츠로 작용할 확률은, 눈 감고 총을 쐈는데 과녁에 적중할 확률과 유사하다. 즉, 뚜다다 타이핑하는 누군가는 뻘짓을 하고 있다는 의미이므로 조급할 필요가 없다.
만일 나 자신이 시작하자마자 무엇인가 뚜다다 타이핑하는 사람이라면, 이러한 행동을 그만두어야 한다. 대체로 이러한 행동은 다음과 같은 마음으로부터 비롯된다.

"뭐라도 써서 거대한 백지를 메워야 한다."

이렇게 쓴 내용은 의미 있는 콘텐츠로 작용할 확률이 없을뿐더러, 시뮬레이션 설정과 모순되어 심각한 오류를 낳을 수도 있다. 평가위원

은 이러한 오류를 발견하면 가차 없이 질문 세례를 쏟아붓는다. 즉, 하나 마나 한 짓을 넘어서, 함으로써 해가 되는 짓이 될 수 있다. 많이 쓴다고 점수를 많이 주지도 않을뿐더러, 많이 쓴다고 생각이 정리되지도 않는다. 생각하고 쓰는 콘텐츠만이 고득점에 도움이 된다.

"무엇을 쓰느냐" 못지 않게 중요한 것은 "무엇을 쓰지 않느냐"의 문제이다. 아무 말을 써 놓는 것은 0의 효과가 아니라 마이너스의 효과를 가진다.

지극히 당연한 것인데도 많은 경우에 이것을 간과한다.

예를 들어, 평소 업무생활에서 기획안을 작성할 때 "누구의 인식을, 어떤 채널을 통해, 어떻게 개선할지" 구체적인 콘텐츠가 없다면, "인식개선"이라는 단어를 아무 생각 없이 때려 넣지는 않는 것이 보편적이다. "누구의 인식을, 어떤 채널을 통해, 어떻게 개선할지" 의구심을 야기할 것이 뻔하기 때문이다. 평소 업무생활에서도 "누구의 인식을, 어떤 채널을 통해, 어떻게 개선할지" 구체적인 콘텐츠 없이 "인식개선"이라는 단어를 제시함에 주저함이 없다면, 이것은 굉장히 심각한 기본기 부족 상태이다. 나 이외에 상사든 부하든 결국은 누군가가 "누구의 인식을, 어떤 채널을 통해, 어떻게 개선할지" 구체적인 콘텐츠를 생각해 내야만 일이 굴러간다.

같은 맥락에서 "누가, 누구와, 어떤 목적으로, 어떤 내용으로, 어떻게 MOU를 할 것인지" 구체적인 콘텐츠가 없다면, "MOU"라는 단어를 아무 생각 없이 때려 넣어서는 안 된다. "콘텐츠" 없이 "타이틀"만 아무렇게나 때려 넣는 것은, 독사처럼 집요한 평가위원 질문 릴레이를 부르는 행동이다. "콘텐츠" 없이 "타이틀"만 때려 넣으면, 나중에 어떻게 안 된다. 무덤만 팔 뿐이다.

- "콘텐츠"가 있다면, "타이틀"만 써놓고 말로 때울 것이 아니라, "콘텐츠"와 "타이틀"을 함께 기록해야 한다.
- "콘텐츠"가 없다면, "타이틀"까지 아무 것도 기록하지 않는 편이 낫다. 나중에 어떻게 수습이 안 된다.

명사 어미 남용, 한자어 남용:
주체와 목적이 불분명한 문장

조사와 서술어를 없애고, 명사＋명사＋명사 형태로 이루어진 문장을 선호하는 사람도 있다. 이러한 문장의 문제점은 누가/누구에게/무엇을/어떻게 하겠다는 것인지 의미가 불분명하다는 점이다.

---

3. 세부추진계획
   - TFT 추진 요망

예를 들어, 위와 같은 문장에는 필연적으로 다음과 같은 의문점이 따라붙는다.
   - 누구로 구성된?
   - 무슨 목적을 가진?
   - 무슨 TFT?
   - 누가 추진의 주체?
   - 누가 누구에게 요망하는 것인지?

이런 형태의 문장을 쓰는 것은 대체로 습관 때문이다. 즉, 이런 형태의 문장을 선호하는 사람은 평소에도 이렇게 글을 쓴다. 아이디어나 콘텐츠가 없기 때문에, 일부러 의미가 불분명하게 만들려는 동기에서 이런 문장을 쓰는 경우도 있다. 이것은 훨씬 심각한 경우이다. 콘텐츠가 없는데 역량이 발현될 리가 없다.

다음과 같은 의문점을 품는 경우도 있다.

"문장은 간결할수록 좋은 것 아닌가요?"

의미를 온전히 전달할 수 있을 때만 짧을수록 좋다. 의미를 온전히 전달하지 못한다면, 간결함은 미덕이 아니다. 텍스트의 가장 본질적인 목적은 의미전달이다. 간결함은 어디까지나 부차적인 목적이다.

텍스트의 미덕: 전달력 〉 간결함

여백의 미가 필요한 시를 쓰는 것이 아니다. 이것은 예술적 가치를 추구하는 문학이 아니다. 기획서, 설명서, 카탈로그, 제안서, 제안요청서, 백서, 지침서, 사례집, 강의 교재 등등 일상의 업무생활에서 쓰는 모든 글도 마찬가지다. **멋져 보이는 것이 목적이 아니라, 의미를 전달하는 것이 목적이다.** 실용적 문서에서 생각할 여지를 남겨 두는 행동은, 집행 단계에서 오차로 인한 카오스를 초래할 수 있다. 실제 업무세계에서 카오스는 애매함 때문에 일어나는 경우가 많다.

구조적인 글쓰기

구조 없이 마구잡이로 글을 쓰다 보면, 다음과 같은 문제가 발생하는 경우가 많다.

- 현황만 잔뜩 써 놓고, 정작 중요한 해결방안은 빈약함
- 수미상관이 안 맞음, 문제를 지적했는데 그에 상응하는 대책이 없음
- 정리가 안 되어서, 핵심을 알아보기 매우 어려움
- 독자 입장에서 도대체 무슨 얘기를 하고 싶은 것인지 이해하기 어려움

그렇다면 어떻게 구조적인 글을 쓸 수 있는지, 가장 기본이 되는 핵심 메커니즘을 살펴보자.

① 문제와 대책을 matching 시킴

(문제1)	→	(대책1)
(문제2)	→	(대책2)
(문제3)	→	(대책3)
...		

위와 같은 형태를 가장 기본이 되는 구조로 생각할 수 있다. 모든 역량평가 과제는 "문제가 발생했다. 이것을 어떻게 해결할 것인가?"에 관한 것이다. 문제점은 무엇이고, 그에 상응하는 대책은 무엇인지 정리하는 것만으로도 문서의 기본 구조를 잡을 수 있다.

만약 문제가 여러 가지라면, 다음과 같은 논리적 흐름에 따라 배열하면 된다.

(문제1)	(문제2)	(문제3)	⋯

- 단기적인 것 → 장기적인 것
- 인과관계 앞 단계의 것 → 인과관계 뒤 단계의 것
- 프로세스 앞 단계의 것 → 프로세스 뒤 단계의 것

정렬을 하지 않으면, 먼저 내 머릿속이 정리가 안 되고, 그렇게 되면 읽는 사람도 정리가 안 된다. 자연스러운 논리적 흐름에 따라 문제와 대책을 정렬하면, 쓰는 사람도 읽는 사람도 이해하기 쉽다. "Story telling"이라는 방법론이 대단히 화려하고 거창하고 엄청난 것이 아니다. 쉽게 말해, 인간이 생각하는 자연스러운 사고의 흐름에 따라 배열하는 것이다.

② '문제'보다 '대책'을 상세히

현황만 잔뜩 써 놓고, 정작 중요한 해결방안은 용두사미로 끝나는 것이 고질병이라면, 해결방안을 먼저 쓰고 현황은 나중에 쓰는 방법이 있다.

대책에 상응하는 문제의 핵심 포인트1	←	(대책1)
대책에 상응하는 문제의 핵심 포인트2	←	(대책2)
대책에 상응하는 문제의 핵심 포인트3	←	(대책3)

문제를 상세하게 나열할 필요는 없다. 기본적인 사실관계자료에 이미 나와 있는 정보를 상세하게 작성하면, 대책을 생각할 수 있는 시간 여유가

줄어든다. 사실관계는 평가위원도 알고 있기 때문에 상세하게 설명할 필요가 없으며, 대책에 상응하는 핵심 포인트만 짚어 주는 것으로 충분하다.

③ 문제의 근본적 원인 따져 보기

기본적인 구조를 잡았다면, 생각을 앞쪽과 뒤쪽으로 확장함으로써 생각의 깊이를 더할 수 있다. 앞쪽으로의 확장은 문제의 근본적 원인을 따져 보는 것이다.

근본적 원인	(문제1)	(대책1)	대책이 가져올 영향 + 파장
	(문제2)	(대책2)	
	(문제3)	(대책3)	

문제를 발견하자마자 즉각 해결책을 도출하려고 하면, 피상적인 문제해결에 그칠 가능성이 있다.

"헉, 문제다! 빨리 수습하자."

이런 생각으로 기획안을 작성하면, 근본원인을 묻는 평가위원 인터뷰 질문에 진땀을 빼게 된다.

문제가 있음 → (근본적 원인부터 생각함)
→ 근본적 원인을 해결할 수 있는 해결책 도출

논리적으로 보면 당연한 얘기지만, 원인을 진단해야 문제를 근본적으로 해결할 수 있다. 근본원인을 진단하지 못한 대책은 미봉책이 될 뿐이다. 근본원인을 파악하기 위한 첫 단계는 **"왜"**라는 질문을 던지는 것이다. "why 사고"는 언제나 중요하다.

모든 현상에는 원인이 있기 마련이다.

현상 → 해결책	피상적인 사고패턴
(원인) → 현상 → 해결책	깊이 있는 사고패턴

④ 대책이 가져올 영향과 파장 따져 보기

뒤쪽으로의 확장은 문제의 대책이 가져올 영향과 파장을 따져 보는 것이다.

	(문제1)	(대책1)	대책이 가져올 영향 + 파장
근본적 원인	(문제2)	(대책2)	
	(문제3)	(대책3)	

대책을 세우는 것을 넘어서서, 대책의 영향력까지 고려했을 때, 더욱 고도화된 기획서를 작성할 수 있다. 대부분의 역량평가 시뮬레이션 상황은 특정한 결정을 내린 것만으로는 모든 문제가 해결되지 않는 딜레마 상황을 반영하고 있다.

즉, 내가 생각한 대로만 일이 술술 풀리지는 않을 수 있다는 것이다. 대책에는 부작용이 따를 수 있다. 대책이 가져올 영향과 파장을 따져 보면, 처음 생각했던 대책은 전혀 대책이 아닐 수도 있다. 평가위원 인터뷰 질문에서 비로소 이것을 발견하면 진땀을 빼게 된다. 이것까지 미리 고려하여 생각의 깊이를 더할 때 더 좋은 평가를 받을 수 있다.

평가위원 인터뷰에서 주어지는 질문은, 크게 다음의 3단계로 나눌 수 있다.

상황	• 현 상황에 대해 어떻게 생각하십니까? • 본 정책의 목표는 무엇입니까?
행동	• 현 상황을 해결하기 위한 대안은 무엇입니까? • 그러한 대안을 기획하신 이유/근거는 무엇입니까?
결과	• 대안을 실행할 경우, 기대효과는 무엇입니까? • 본 대안이 정책수요자 및 이해관계자들에게 어떤 영향을 미칠 것이라고 생각하십니까?

<행동>까지 생각했으므로 문제해결이 끝났다고 착각하기 때문에, 평가위원 인터뷰에서 진땀을 뺄 수밖에 없는 것이다. 평가위원은 <결과>까지 물어본다. 평가위원의 질문을 듣고 그때서야 <결과>가 어떻게 되는지 생각하게 되면, 정신이 혼미해지는 질문 세례를 헤쳐나가야 한다.

위의 네 가지 구조적인 글쓰기 요령은, 어디까지나 가장 기본이 되는 핵심 메커니즘에 지나지 않는다. 중요한 것을 (1) 실제로 글을 써 보는 작업을 통해 핵심 메커니즘을 나의 사고패턴에 맞도록 customizing 시키고, (2) customizing한 방법론에 숙달하도록 반복해서 훈련하는 작업이다.

단순히 아는 것과
이것에 숙달하여 자연스럽게 구현할 수 있는 것은 다르다.

특강
02

**성격이 역량에
미치는 영향**

성격이 역량에
미치는 영향

이 책에서는 역량평가에서 나타날 수 있는 다양한 유형의 뻘짓을 다루고 있다. 뻘짓을 방지하기 위해서는 "왜" 뻘짓이 일어나는지 근본 원인을 파악하는 것이 중요하다.

그 이유는 성격에서 답을 찾을 수 있다.

그래서 역량을 개발하기 위해서는 자신의 성격 프로파일을 아는 것이 1번이다. 성격이 역량평가에서의 수행에 어떤 영향을 미칠 수 있는지 성격검사Workplace Character Inventory를 예로 들어 살펴보자.

WCI는 사회적인 상황에서 업무를 수행할 때 개인이 선호하는 다양한 행동패턴을 측정하기 위해 잇셀프컴퍼니에서 자체개발한 검사이다.

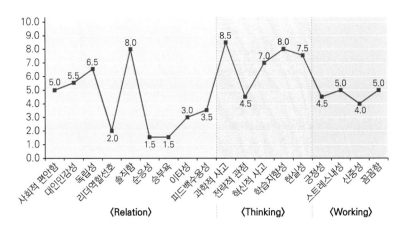

<1장 3절 역량은 단지 머리 좋은 것을 의미하지는 않는다>에서 설명한 개념 Thinking, Working, Relation으로 큰 영역이 나누어져 있다.

〈Workplace Character Inventory 요인별 의미〉

차원	요인	의의
Relation (관계)	사회적 편안함	사회적인 상황에서 사람들과 함께 있을 때 편안함을 느끼는 정도
	대인민감성	타인의 욕구와 감정을 민감하게 알아채서 파악하는 정도
	독립성	조직과 집단의 목표보다, 스스로 설정한 목표와 프로세스를 중요시하는 정도
	리더역할선호	팀원들을 육성하고 관리하는 리더 역할을 선호하는 정도
	솔직함	과시와 가식 없이 자신을 있는 그대로 타인에게 드러내는 정도
	순응성	자신의 의견과 다른 조직의 지시 또는 부당한 권위에 복종하는 정도
	승부욕	경쟁적으로 승리를 추구하고, 자신의 의견을 설득시키기 위해 노력하는 정도
	이타성	사회적인 상황에서 타인을 돕고, 소속된 집단에 헌신하는 정도
	피드백수용성	부정적 피드백에 대해 인정하고 수용하며, 자신의 실책을 인정하고 수정하려는 정도

차원	요인	의의
Thinking (사고)	과학적 사고	사실과 정보에 기반하여 상황을 다각적으로 분석하고, 근본원인을 찾아 문제를 해결하는 정도
	전략적 관점	장기적인 관점과 거시적인 영향력을 바탕으로 전략적으로 사고하는 정도
	혁신적 사고	기존 방식을 답습하기보다는 개선을 위해 아이디어를 생각해 내고 새로운 측면을 발견하는 정도
	학습지향성	새로운 지식을 습득하는 활동(연구와 학습)을 선호하는 정도
	현실성	당면한 문제해결에 집중하기 위해 노력하고, 현실에 발을 붙이고 해결책을 찾기 위해 노력하는 정도
Working (업무)	긍정성	현상의 긍정적 측면을 발견해 내고, 의미를 부여하는 정도
	스트레스내성	변화, 불확실성 등의 스트레스 상황에서 평온함을 유지하는 정도
	신중성	불확실성과 리스크를 배제하고 신중하게 행동하려는 정도
	꼼꼼함	일의 마무리와 마감을 위해 세부적인 사항까지 꼼꼼하고 정확하게 검토하는 정도

예시의 프로파일은 Thinking이 상대적으로 발달해 있고, Relation은 약한 특징을 가지고 있다.

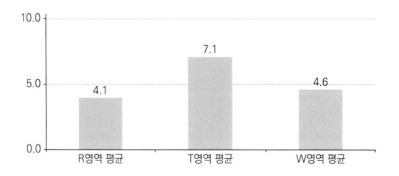

역량평가의 본질

세부적으로 살펴보면, 승부욕과 리더역할선호가 매우 낮게 나타나, 조직의 업무 상황에서 타인을 설득하는 데 어려움을 겪을 가능성이 있다. 또한, 순응성이 매우 낮게 나타나, 위계적인 조직질서에서 어려움을 겪을 가능성이 높다.

즉, 이러한 프로파일은 업무 상황에서 상대방을 적극적으로 설득해야 하는 Role Play 과제에서 어려움을 겪을 가능성이 있다. 반면, 과학적 사고, 학습지향성, 현실성 등의 Thinking영역 지표는 매우 높게 나타나, Presentation, In-Basket 과제는 상대적으로 용이하게 해결할 가능성이 있다.

8점 이상, 2점 이하의 점수는 자신의 캐릭터를 강렬하게 표상하는 signature대표 특징이라고 할 수 있다. 이와 같은 성격 프로파일을 알면, 이를 바탕으로 나만의 맞춤 전략을 수립할 수 있다.

WCI 프로파일로 예측하는 삘짓 패턴

이 세상에 좋은 성격, 나쁜 성격은 없다. 상황과 조화를 이루어 효과적으로 기능하는 성격, 조화가 깨져 기능하지 못하는 성격이 있을 뿐이다. 같은 맥락에서, 특정 요인의 점수가 높은 것이 바람직하고, 낮은 것이 바람직하지 않다고 해석할 수는 없다.

* T: Thinking   W: Working   R: Relation

▪ 예시 ①:
높은 순응성(R) + 낮은 승부욕(R) + 낮은 리더역할선호(R)

순응성이 높게 나타나고, 승부욕과 리더역할선호가 낮게 나타나는 사람은 평소에 갈등을 일으키지 않는 원만한 인간관계를 가진다. 그러나 위기가 발생한 상황, 강력한 리더십이 필요한 상황에서는 적극성과 추진력의 부족으로 어려움을 겪는 성향을 보인다.

책임소재가 모호한 영역이 늘어나는 위기 상황에서는 자기 자신의 역할을 폭넓게 인식하기보다는 딱 시킨 것만 하는 성향을 보인다. 또는 한 발짝 물러난 관전자의 모습으로 내가 직접 별다른 조치를 하지 않아도 다른 사람들이 알아서 문제를 해결해 주기를 기다리는 모습이 나타나기도 한다.

▪ 예시 ②:
높은 대인민감성(R) + 낮은 스트레스내성(W) + 낮은 솔직함(R)

대인민감성은 높게 나타나고, 스트레스내성은 낮게 나타나는 사람은 타인을 지나치게 신경 씀으로써 자기 자신을 피곤하게 만드는 성향을 보인다. 이러한 성격을 가진 사람은 <5장 1절 에너지 누수부터 방지하기>에 등장하는 철없는 부담 주기를 격려로 착각하는 주변인의 반응에 미친 듯이 흔들리는 행동패턴을 보인다. 아무 말에 대해서도 한 귀로 듣고 한 귀로 흘리지를 못한다.

여기에 낮은 솔직함까지 함께 나타난다면, 스트레스 한계치가 넘을 때까지 무작정 참기만 하는 행동패턴이 나타날 수 있다. 이에 따라, 가족 또는 동료와 같은 평소의 인간관계도 매우 힘들어하는 성향을 보인다. 결과적으로, 시험을 보기도 전에 주변의 시달림으로 인해 방전된다.

▪ 예시 ③:
낮은 학습지향성(T) + 낮은 혁신적 사고(T) + 낮은 과학적 사고(T)

학습지향성이 낮은 사람은 역량평가뿐만 아니라 새롭게 주어지는 모든 상황에 적응하기 어려워하는 모습을 보인다. 여기에 낮은 혁신적 사고, 낮은 과학적 사고까지 함께 나타난다면, 새로운 방법론과 새로운 학습을 거부하고, 기존에 알고 있었던 것만으로 문제에 접근하려는 성향을 나타낸다.

이러한 프로파일을 갖는 사람 중에는 4지 선다형 암기형 평가에는 매우 강한 모습을 보이는 사례도 있는데, 이러한 경우 자신에게 익숙한 두문자 암기, 만능공식 만들기와 같은 잘못된 방법으로 역량평가에 접근하려 함으로써 실패하는 경우가 나타난다.

▪ 예시 ④:
높은 현실성(T) + 낮은 과학적 사고(T) + 낮은 전략적 관점(T)

현실성은 높게 나타나고, 과학적 사고와 전략적 관점은 낮게 나타나는 사람은 눈앞의 현안에는 대응하지만 문제의 근본원인은 깊이 있게 탐색하지 않는 사고패턴을 보인다. 당장 일어난 눈앞의 불을 끄는 데 집중하는 반면, 문제가 일어난 근본원인을 찾아서 문제를 근본적으로 해결하는 데는 약한 성향이 나타난다.

이는 공무원 역량평가 응시자 pool에서 가장 흔하게 나타나는 WCI 프로파일 패턴 중 하나이다. 이러한 경우, 발등에 불 떨어진 수습에만 집중한 나머지, 현상의 근본원인이 무엇인지 묻는 평가위원 질문에 당황하는 경우가 많다.

▪ 예시 ⑤:
높은 긍정성(W) + 높은 사회적 편안함(R) + 낮은 현실성(T)

긍정성과 사회적 편안함이 동시에 높게 나타나는 사람은 심리적으로 매우 안정된 특성을 보인다. 그러나 이러한 특성이 반드시 좋은 것만은 아니다. 위기상황을 현실보다 현저하게 과소평가하여 안일하게 대응하는 행동패턴이 나타날 수 있다.

여기서 낮은 현실성까지 함께 나타난다면, 내가 보고 싶은 것만 보고, 내가 듣고 싶은 것만 들으면서, 현실을 이탈하는 행동패턴이 나타날 수 있다. 대안의 실천력과 관계없이, 대안만 마련하면 답을 찾았다고 착각하고서는, 대안의 효과 또는 결과를 묻는 평가위원의 질문에 멘붕이 되는 경우가 많다.

▪ 예시 ⑥:
낮은 신중성(W) + 낮은 꼼꼼함(W) + 낮은 과학적 사고(T)

신중성과 꼼꼼함이 동시에 낮게 나타나는 특성은, 전반적으로 모든 역량의 발현을 억제하는 치명적인 약점으로 작용할 가능성이 높다. 이러한 프로파일을 갖는 사람은 대체로 평소의 업무생활에서도 문제를 일으키지만, 정작 본인은 별문제가 아니라고 대수롭지 않게 여기는 경우도 있다. 대체로 인내심이 없거나 충동성이 높은 사람이 이러한 프로파일을 갖는 경우가 많다.

    여기에 낮은 과학적 사고까지 함께 나타난다면, 자료를 읽고 해석하는 작업 자체를 귀찮아함으로써, 평소의 업무 또한 대충대충 처리하는 성향을 보인다.

📧 WCI 수행 안내

이 예시 프로파일을 보고 나의 WCI 프로파일이 궁금한 사람은 다음의 링크로 들어가면 검사를 할 수 있다.

---

url: https://ko.surveymonkey.com/r/L3WTDLF

---

* 이메일 주소를 묻는 마지막 문항에 이메일 주소와 함께 본서의 독자 인증을 위한 ISBN을 남겨주세요.

    (예시: OOO@gmail.com, ISBN:_____)
* 검사결과를 이메일로 보내 드리겠습니다.

역량평가의 본질

저자 이준걸

성균관대학교에서 법학과 심리학을 전공하고, 동 대학원에서 산업 및 조직심리학 전공으로 석사 학위를 받았다. 리더스인싸이트그룹 Assessment Team HR컨설턴트, 엔다인아이 엔씨의 컨설팅 사업부 팀장으로 일하면서 정부부처 및 리더 대상 사기업 역량평가 AC과제 개발 및 평가운영설계, AC평가위원 교육 및 Development Center(DC) FT로 일했다. 2017년 교육기업 「잇셀프컴퍼니」를 설립하여 공공기관과 사기업의 간부리더 후보자를 대상으로 리더십역량진단과 역량개발을 돕기 위해 교육하는 일에 전념하고 있으며, 직장인의 성격 프로파일을 역량과 연계하여 측정하는 성격검사인 Workplace Character Inventory(WCI)를 개발했다. 2019년, 역서 『일터에서 긍정심리학 활용하기』에 공동역자로 참여한 바 있다.

- Blog: blog.naver.com/itselfcompany
- Email: itselfcompany@gmail.com

역량평가의 본질

초판발행	2019년 10월 4일
중판발행	2023년 8월 11일
지은이	이준걸
펴낸이	노 현
편 집	황정원
기획/마케팅	노 현
표지디자인	BEN STORY
제 작	우인도·고철민
펴낸곳	㈜ 피와이메이트
	서울특별시 금천구 가산디지털2로 53 한라시그마밸리 210호(가산동)
	등록 2014. 2. 12. 제2018-000080호
전 화	02)733-6771
f a x	02)736-4818
e-mail	pys@pybook.co.kr
homepage	www.pybook.co.kr
ISBN	979-11-90151-18-4 93180

copyright©이준걸, 2019, Printed in Korea

* 잘못된 책은 바꿔드립니다. 본서의 무단복제행위를 금합니다.

정 가	16,000원